Pastorales Lehramt?

Christian Bauer / Michael Schüßler (Hg.)

Pastorales Lehramt?

Spielräume einer Theologie familialer Lebensformen

Matthias Grünewald Verlag

Für die Schwabenverlag AG ist Nachhaltigkeit ein wichtiger Maßstab ihres Handelns. Wir achten daher auf den Einsatz umweltschonender Ressourcen und Materialien.

Bibliografische Information der Deutschen Nationalbibliothek
Die Deutsche Nationalbibliothek verzeichnet diese Publikation in der Deutschen Nationalbibliografie; detaillierte bibliografische Daten sind im Internet über http://dnb.d-nb.de abrufbar.

www.gruenewaldverlag.de

Umschlaggestaltung: Finken & Bumiller, Stuttgart
Umschlagabbildung: © iStock.com/Qweek
Druck: CPI – buchbücher.de, Birkach
Hergestellt in Deutschland
ISBN 978-3-7867-3059-0

Inhalt

Vorwort

Welchen Stellenwert haben die konkreten Lebens- und Glaubenserfahrungen der Gegenwart für Kirche und Theologie? Das war vor fünfzig Jahren eine zentrale Frage des Zweiten Vatikanischen Konzils. Das ist heute die zentrale Frage in der Auseinandersetzung um die Bischofssynode zur Familienpastoral 2015. Und vieles spricht dafür, dass auch in Zukunft darum gestritten wird.

Die Beiträge dieses Buches vermessen den Möglichkeitsraum, der von der pastoralen Wende des Konzils eröffnet wurde. Ein kirchliches Lehramt, das sich in der Spur des Hl. Konzilspapstes Johannes XXIII. als ein pastorales versteht, ermöglicht eine ebenso evangeliums- wie zeitgemäße Theologie der familialen Lebensformen. Und eine entsprechende Kirche ist, wie Papst Franziskus in *Evangelii gaudium* schreibt, keine „Zollstation" der Gnade, sondern wie ein „Vaterhaus, wo Platz ist für [jede und] jeden mit seinem [und ihrem] mühevollen Leben." (EG 47).

Theologisch geht es dabei nicht darum, das dogmatisch immer schon Gewusste nur etwas sanfter und moderner zu verkünden. Pastorale Realitäten sind selbst theologische Orte im strikten Sinn des Wortes und können zu wirklichen dogmatischen Neuentdeckungen führen. Denn in den kleinen Geschichten der Gegenwart steht das auf dem Spiel, was uns in den großen Erzählungen der Tradition zugesagt ist.

Es braucht deshalb gerade in Fragen aktueller familialer Lebensformen den pastoralen Ortswechsel der Kirche von einer weltanschaulichen Normalisierungsagentur hin zu einer risikobereiten Solidaritätsagentur, die das wild bewegte ‚doing family' von Männern und Frauen, Kindern und alten Menschen pastoral begleitet.

Hier gibt es eine theologische Einspruchsfunktion von Erfahrungen, in denen Menschen um ihre Würde ringen. Weil sie in ihren intensiven Nah-Beziehungen mit Gefährdungen und Scheitern konfrontiert sind und weil sie darin ganz neue Formen des Gelingens erproben und entdecken. Diese Erfahrungen ans Licht zu bringen und in ihrem dogmatischen Gewicht stark zu machen, ist die Aufgabe pastoraler Theologie.

Eine solch pastorale Theologie entsteht nie allein aus sich und nie allein für sich. Im Hintergrund der Texte steht ein mal loser, mal intensiver fachlich-freundschaftlicher Austausch unter den Autor_innen. Die studentischen Mitarbeiter_innen am Tübinger Lehrstuhl übernahmen dann mit zuverlässiger Sorgfalt einen Großteil der Korrekturarbeiten. Realisiert werden konnte dieses Buch schließlich durch einen Druckkostenzuschuss der Diözesen Feldkirch, Innsbruck und Bamberg sowie der Diözesan-Caritasverbände von Innsbruck und Rottenburg-Stuttgart. Wir danken allen

Beteiligten, insbesondere auch Herrn Volker Sühs vom Grünewaldverlag, sehr herzlich und wünschen den Leserinnen und Lesern ein anregendes, in der Pastoral wie auch im übrigen Leben weiterbringendes Entdecken neuer theologischer Spielräume!

Christian Bauer

Michael Schüßler

Pastorale Wende?

Konzilstheologische Anmerkungen

Christian Bauer, Innsbruck

Mit der Bischofssynode im Herbst steht einiges auf dem Spiel. Denn es geht es dabei nicht ‚nur' um pastorale Fragen im Kontext von Ehe und Familie, sondern auch um den lehrmäßigen Stellenwert von pastoralen Erwägungen überhaupt. Die „pastorale Wende"[1] des Zweiten Vatikanischen Konzils steht dabei erneut zur Disposition. Wesentliche Teile der nachkonziliaren Debatte haben ihr Drehmoment in der damit verbundenen Frage nach dem dogmatischen Stellenwert eines Pastoralkonzils[2]. Lehramtlich sind die Dinge seit dem Zweiten Vatikanum zwar entschieden, weltkirchlich durchgesetzt sind sie damit aber noch lange nicht. Im gegenwärtigen Pontifikat spitzen sich die entsprechenden Debatten sogar noch einmal zu. Die Problemkonstellationen auf dem Konzil wie auch im Umfeld der bevorstehenden Bischofssynode entsprechen sich dabei auf geradezu frappierende Weise – lediglich die Namen der jeweiligen Protagonisten scheinen verändert. Auf der einen Seite stehen kirchliche Kräfte, für welche die Pastoral nicht mehr als nur ein Ort der Anwendung von lehramtlichen Prinzipien ist. Und auf der anderen Seite solche, für die die Pastoral einen Ort möglicher Entdeckungen des Evangeliums in der eigenen Gegenwart darstellt. Vor diesem Hintergrund optieren die *Lineamenta* der kommenden Bischofssynode für einen „notwendigen Realismus"[3] in der Kirche, der evangeliumsferne Entscheidungen zu vermeiden helfe, die einer „Pastoral eigen sind, welche lediglich die Lehre anwendet"[4]. Es lohnt sich, den lehrgeschichtlichen Hintergrund dieser Grundoption im Folgenden konzilstheologisch auszuleuchten und die entsprechende Genealogie der aktuellen Synodendebatte zu entrollen.

---

[1] Vgl. Rainer Bucher, Theologie im Risiko der Gegenwart. Studien zur kenotischen Existenz der Pastoraltheologie zwischen Universität, Kirche und Gesellschaft, Stuttgart 2010, 211.

[2] Vgl. Christian Bauer, Pastorale Lehrverkündigung? Wider die Relativierung der dogmatischen Autorität des Zweiten Vatikanums, in: Diakonia (2013), 43–47.

[3] Fragen zum I. Teil, http://www.vatican.va/roman_curia/synod/documents/rc_synod_doc_20141209_ lineamenta-xiv-assembly_ge.html (Zugriff: 20. Mai 2015).

[4] Fragen zum I. Teil, http://www.vatican.va/roman_curia/synod/documents/rc_synod_doc_20141209_ lineamenta-xiv-assembly_ge.html (Zugriff: 20. Mai 2015).

Zweites Vatikanisches Konzil

Beginnen wir mit einer Rückblende in das unmittelbare Vorfeld des Konzils. Unter dem Datum des 15. November 1960 notiert der französische Dominikaner Yves Congar in seinem Konzilstagebuch eine höchst signifikante Anekdote[5]. Während seiner ersten Audienz bei Kardinal Alfredo Ottaviani, dem Präfekten des Hl. Offiziums, stellt Congar diesem eine Frage, die sich auf Eindrücke bezog, die er am Vortag nach einer Messe im Petersdom in den Gassen Roms gewonnen hatte:

> „Was hat unsere großartige Zeremonie eigentlich noch mit diesen vielen, tapferen kleinen Leuten auf den heruntergekommenen Strassen zu tun, die ich durchquert habe? Die Kirche ist doch für die Menschen da."[6]

Die Antwort des Kardinals war ernüchternd:

> „Das ist eine Frage der Pastoral. Es gibt eine Kommission für die Pastoral, die nach entsprechenden Anpassungen zu suchen hat. Wir aber müssen den Glauben vorlegen."[7]

Mit diesen beiden Aussagen von Yves Congar („für die Menschen da") und Kardinal Ottaviani („wir aber müssen") ist eigentlich schon alles gesagt. Die entscheidenden Positionen sind markiert – alles Weitere spielt sich im Rahmen dieser beiden theologischen Ortsbestimmungen ab. Auf dem Konzil gab es durchaus wohlmeinende Kompromissvorschläge zur Versöhnung beider Standpunkte. Der dominikanische Konzilstheologe M.-Dominique Chenu, ein Lehrer und Freund Congars, schreibt:

> „Gewisse Leute machten den Vorschlag, man solle [...] doppelte Schemata verfassen: eines für die Wahrheit der Lehren und zum Gebrauch durch die Kleriker, und ein anderes für die praktischen Anwendungen und zum Gebrauch durch die Gläubigen."[8]

In den finalen Auseinandersetzungen des Zweiten Vatikanums um die Pastoralkonstitution *Gaudium et spes* gelang es, diesen klerikal enggeführten

[5] Siehe auch die Schilderung in M.-Dominique Chenu, Un concile ‚pastoral', in Ders.: L'Évangile dans le temps, Paris 1964, 660.

[6] Yves Congar, Mon Journal du Concile I, Paris 2002, 37.

[7] Congar, Mon Journal du Concile, 37.

[8] Chenu, Un concile ‚pastoral', 660 f.

Dualismus von Leben und Lehre auf der Basis einer integralen Gesamtekklesiologie des Volkes Gottes zu überschreiten. Kirche in der Welt von heute – das ist das gesamte Volk Gottes, Priester wie Laien. Und dessen Pastoral umfasst alles, was eine evangelisatorische Präsenz inmitten der Welt ausmacht. Das Konzil hat in *Gaudium et spes* aber nicht nur den vorkonziliaren Pastoralbegriff vertieft und erweitert, sondern ihn zugleich auch in seiner dogmatischen Bedeutung gewürdigt: „Freude und Hoffnung, Trauer und Angst der Menschen von heute, besonders aller Armen und Bedrängten" (GS 1) markieren die pastoralen Orte einer Kirche der Nachfolge[9], in welcher die Jüngerinnen und „Jünger Christi" (GS 1) das Evangelium vom Reich Gottes zu leben versuchen. Zugleich stellen diese Erfahrungsorte einer reichgottesfrohen Ekklesiologie der Jüngerschaft[10] auch theologische Orte dar, *loci theologici* im konzilstheologisch erweiterten Sinn dieses Wortes, von denen her das Dogma pastoral zur Sprache gebracht werden kann. Die Titulatur ‚Pastoralkonzil' heißt in diesem Zusammenhang, dass in der Lehre des Konzils einerseits explizit dogmatisch ausgerichtete Konstitutionen *auch pastorale Fragen* thematisieren (wenn auch vom Dogma her) und andererseits explizit pastoral ausgerichtete Konstitutionen *auch dogmatische Fragen* (wenn auch von der Pastoral her): Dogma und Pastoral durchdringen und intensivieren sich wechselseitig. Das Konzil wurde ja nicht aufgrund lehrmäßiger Streitfragen im ‚Innenraum' der Kirche einberufen, sondern vielmehr aufgrund pastoraler Herausforderungen im ‚Außenraum' der Welt. Papst Johannes XXIII. schrieb in seiner Einberufungsbulle mit dem bezeichnenden Titel *Humanae salutis*, er wolle die Kirche mit dem Konzil für die „Lösung der gegenwärtigen Probleme geeigneter machen"[11], damit sie eine durch und durch pastorale Kirche werde, die „alle menschlichen Ereignisse aus der Nähe mitverfolgt"[12] und mit den „vielfältigen Erfordernissen des Lebens vollkommen in Einklang steht"[13]. Es geht um eine Evangelisierung der gesamten Welt im 20. Jahrhundert: „Von der Kirche wird heute verlangt, dass sie alle Verästelungen der gegenwärtigen Gesellschaft mit der [...] Lebenskraft des Evangeliums erfülle."[14] Auch die im engeren Sinne dogmatischen Lehren des Konzils – wie zum Beispiel

---

[9] Vgl. Christian Bauer, Spuren in die Nachfolge.

[10] Vgl. Christian Bauer, Aufbruch in die Jüngerschaft! Spuren in die österreichische Kirche von morgen, in: Kathpress, Dokumentation zum PGR-Kongress 2014 in Mariazell, Wien 2014, 25–30.

[11] Johannes XXIII.: Humanae salutis, Nr. 6.

[12] Johannes XXIII.: Humanae salutis, Nr. 7 („humanis eventis praesens usque adest").

[13] Johannes XXIII.: Humanae salutis, Nr. 10 („absolutissime cum multiformi vitae usu conveniant").

[14] Johannes XXIII.: Humanae salutis, Nr. 2.

sein „Grunddogma"[15] des universalen Heilswillens Gottes – stehen im Dienst dieser pastoralen Welt-Mission der Kirche: „Daher befragt sich die hier versammelte Kirche über sich selbst und sucht nach Mitteln, um auf der Höhe der Probleme dieser neuen Welt zu sein."[16]

Streitfall Pastoralkonstitution

Exemplarisch greifbar wurde diese konziliare Würdigung der Pastoral im Streit um den dogmatischen Stellenwert der sogenannten ‚Adnexa'[17] von Schema XIII, der im zweiten Teil der späteren Pastoralkonstitution verhandelten konkreten pastoralen Einzelfragen. Am 1. Oktober 1964 hatte sich Kurienerzbischof Pericle Felici, der als Sekretär der zentralen Koordinierungskommission eine Art ‚Generalsekretär' des Konzils und einer der kurialen Proponenten der Konzilsminorität war, durch eine Anfrage von Erzbischof Marcel Lefebvre zu folgender Äußerung verleiten lassen: „‚Adnexa' sunt documentum mere privatum – die Adnexa sind ein rein privates Dokument."[18] Nach einer Intervention durch die vier Moderatoren des Konzils musste er diese Äußerung aber wieder zurücknehmen und stattdessen die autoritative Bedeutung der von Lefebvre kritisierten Adnexa herausstellen. Sie sind keine dogmatisch nachrangigen Anhängsel, sondern vielmehr integraler Bestandteil des Gesamtplanes von Schema XIII. Und als solche werden sie zu einer zentralen Streitfrage der letzten Sitzungsperiode des Konzils: Welchen dogmatischen Stellenwert haben die pastoralen ‚Adnexa' der Pastoralkonstitution eigentlich? Und wie soll man dieses Dokument dann, wenn sie auf konstitutive Weise zum authentischen Lehrtext gehören, als Ganzes in seinem dogmatischen Status qualifizieren? Lehrmäßig höchstrangig auf einer Stufe mit den Konstitutionen *Sacrosanctum concilium*, *Lumen gentium* und *Dei verbum?* Oder aber als ein

[15] Vgl. Roman Siebenrock, Gott will das Heil aller Menschen. Eine Grundinterpretation des Zweiten Vatikanischen Konzils, in: Panhofer, Johannes/Wandinger, Nikolaus (Hg): Kirche zwischen Reformstau und Revolution. Vorträge der 13. Innsbrucker Theologischen Sommertage 2012, Innsbruck 2013, 31–52.

[16] M.-Dominique Chenu, Projet de déclaration initiale. Zweiseitiger maschinenschriftlicher Textentwurf für eine Botschaft des Konzils an die Welt vom 27. September 1962, Achives-Chenu/Paris [Abteilung 1962], 1.

[17] Hans-Joachim Sander, Theologischer Kommentar zur Pastoralkonstitution über die Kirche in der Welt von heute *Gaudium et spes*, in: Hünermann, Peter/Hilberath, Bernd-Jochen (Hg.), Herders Theologischer Kommentar zum Zweiten Vatikanischen Konzil (Bd. 4), Freiburg/Br. 2005, 626–637.

[18] Zit. nach Hans-Joachim Sander, Gaudium et spes – die Topologisierung des christlichen Glaubens, in: Zur Debatte 8/2009, 19.

dogmatisch nachgeordnetes Dekret, das konkrete Ausführungsbestimmungen zu diesen Konstitutionen enthält? Oder vielleicht sogar ‚nur' als eine Erklärung des Konzils? Schon im Mai 1963 hatte Bischof Emilio Guano von Livorno, der Leiter der zuständigen Konzilskommission, für die Pastoralkonstitution den Titel *Constitutio pastoralis* vorgeschlagen. Exemplarisch für die minoritäre Opposition gegen diesen Titel war dessen strikte Ablehnung durch Erzbischof Felici. Der Begriff der Konstitution sei für etwas „Verpflichtendes auf der Ebene der Lehre"[19] reserviert und für die lehrmäßige Qualifikation von Schema XIII daher auszuschließen. Peter Hünermann resümiert den konzilstheologischen Problemzusammenhang:

> „Es gab erhebliche Einwände gegen den Gebrauch dieses Titels. Zum einen suchte man die Bedeutung des Dokuments herabzusetzen, indem man [...] für ein anderes genus litterarium plädierte. Zum anderen waren Konstitutionen bislang für feierliche dogmatische Schriftstücke reserviert. Eine ‚pastorale Konstitution' schien manchen Konzilsvätern der bisherigen sorgfältigen Trennung zwischen dogmatischen Aussagen und pastoralen Anwendungen solcher Aussagen zu widersprechen."[20]

Die konziliare Gegenposition zu diesem Standpunkt verteidigte Erzbischof Gabriel-Marie Garonne von Toulouse, der den erkrankten Bischof Guano zu Beginn der vierten Sitzungsperiode ablöste. In seiner Relatio zu Schema XIII stellte er die beiden Kirchenkonstitutionen des Konzils, seine dogmatische erste und seine pastorale zweite – also *Lumen gentium* und *Gaudium et spes* – auf dieselbe lehrmäßige Stufe:

> „Es muß [...] beachtet werden, daß der gewählte Titel [...] die Autorität des Schemas nicht vermindert, und auch jene Aufgabe ins Licht rückt, die seine Komplementarität zur Konstitution ‚De Ecclesia' [= Lumen gentium] verkörpert: aus dem Verhältnis beider heraus das Ziel [...] zu erreichen, das dem Konzil ausdrücklich auferlegt ist."[21]

Erzbischof Felici erbat in der Generalkongregation vom 17. November 1965 schriftliche Stellungnahmen zu diesem Titelvorschlag:

---

[19] AS V/III, 303.

[20] Peter Hünermann, Die letzten Wochen des Konzils, in: Giuseppe Alberigo/ Günther Wassilowsky (Hg.), Ein Konzil des Übergangs. Geschichte des Zweiten Vatikanischen Konzils (Bd. V), Ostfildern 2008, 423–558, 452

[21] AS IV-VI, 561

„Einige Väter haben den Wunsch geäußert, eine gegenteilige Meinung auszudrücken. Darum hat die Kommission unter Zustimmung der Moderatoren vorgeschlagen, daß die Väter, die eine andere Qualifizierung als die jetzige wünschen, dies bis zur nächsten Kongregation schriftlich zum Ausdruck bringen. Von daher ergibt sich praktisch, daß die Väter, die mit der Qualifizierung ‚Constitutio pastoralis' einverstanden sind, nichts aufschreiben müssen. [...] Wer also diese Worte [...] ändern will, soll sagen [...], wie er dieses Schema nennen möchte."[22]

Das in der Generalkongregation am 2. Dezember 1965 bekanntgegebene Ergebnis der Umfrage war eindeutig:

„Von 541 Vätern schlugen 217 als Titel Declaratio vor, 138 Epistola oder Litterae, 110 Expositio, 32 Nuntium, 17 Instructio, 12 Declaratio für den zweiten Teil und Constitutio Pastoralis für den ersten Teil. 15 weitere Titel wurden vorgeschlagen."[23]

Damit erklärten sich mehr als zwei Drittel der Konzilsväter mit dem Titel ‚Pastoralkonstitution' einverstanden. Angesichts der dogmatischen „Neuheit des Schemas"[24] kam Erzbischof Garonne der Konzilsminderheit jedoch in seiner Relatio zur *Expensio modorum* durch den Vorschlag einer ergänzenden Fußnote entgegen:

„Dem Titel [...] wird als Bestandteil der Konstitution eine Fußnote hinzugefügt, welche die eigene Natur des Schemas erklärt und darüber hinaus eine Regel zu ihrer Interpretation verkündet."[25]

In dieser eigens abgestimmten Fußnote zum Titel von *Gaudium et spes* wurde das Zueinander von *Prima pars* und *Secunda pars*, von primär dogmatischer und von primär pastoraler Gesamtausrichtung der Konstitution, im Sinne einer gleichstufigen Wechselseitigkeit beider Teile bestimmt:

„Die Pastoralkonstitution über die Kirche in der Welt von heute besteht zwar aus zwei Teilen, bildet jedoch ein Ganzes. Sie wird ‚pastoral' genannt, weil sie, gestützt auf Prinzipien der Lehre, das Verhältnis der Kirche zur Welt und zu den Menschen von heute darzustellen beabsichtigt. So fehlt weder im ersten

[22] AS IV-VI 588 f.
[23] AS IV-VII, 346.
[24] AS IV-VII, 468.
[25] AS IV-VII, 468.

Teil die pastorale Zielsetzung noch im zweiten Teil die lehrhafte Zielsetzung. Im ersten Teil entwickelt die Kirche ihre Lehre vom Menschen, von der Welt, in die der Mensch eingefügt ist, und von ihrem Verhältnis zu beiden. Im zweiten Teil betrachtet sie näher die verschiedenen Aspekte des heutigen Lebens und der menschlichen Gesellschaft, vor allem Fragen und Probleme, die dabei für unsere Gegenwart besonders dringlich erscheinen."

Es folgt die von Erzbischof Garonne angekündigte Interpretationsregel:

> „Daher kommt es, daß in diesem zweiten Teil die Thematik zwar den Prinzipien der Lehre unterstellt bleibt, aber nicht nur unwandelbare, sondern auch geschichtlich bedingte Elemente enthält. Die Konstitution ist also nach den allgemeinen theologischen Interpretationsregeln zu deuten, und zwar, besonders im zweiten Teil, unter Berücksichtigung des Wechsels der Umstände, der mit den Gegenständen dieser Thematik verbunden ist."

Hans-Joachim Sander kommentiert diese wohl wichtigste Fußnote in der jüngeren Lehrgeschichte der Kirche:

> „Mit ihr werden Pastoral und Dogmatik der Kirche in eine neue Beziehung gebracht [...]. [...] Für die Dogmatik im Verhältnis zur Pastoral bestätigt das die Tradition; für die Pastoral im Verhältnis zur Dogmatik aber überschreitet das die Tradition. Pastorale Herausforderungen haben eine die Dogmatik bestimmende Autorität. Die Fußnote markiert den konstitutionellen Rang von Pastoral und die praktische Bedeutung von Lehre."[26]

Mit Blick auf diese konziliare Lehrentscheidung gilt es nun, noch eine zumeist übersehene ‚theologiegrammatische' Grundstruktur des Zweiten Vatikanums freizulegen, dessen Pastoralkonstitution „von ihrer Inspiration her zutiefst thomistisch"[27] war. Von zentraler Bedeutung ist dabei eine Auslegung der *Summa theologica*, deren Grundzüge M.-Dominique Chenu bereits in den 1930er Jahren vorgelegt hatte. Darin erschließt er den thomanischen Grundgedanken einer inkarnatorischen Zentrierung des neuplatonischen Exitus-Reditus-Schemas in der Summa. Prinzipiell alle geschaffenen Dinge lassen sich als potenzielle theologische Orte mit eigener Autorität begreifen, die *von sich selbst her* zu ihrer eschatologischen Reka-

[26] Hans-Joachim Sander, Glauben im Zeichen der Zeit. Die Semiotik von Peirce und die pastorale Konstituierung der Theologie (unveröffentlichte Habilitationsschrift), Würzburg 1996, 375.

[27] Yves Congar, Église et monde dans la perspective de Vatican II, in Vatican II: L'Eglise dans le monde de ce temps, Paris 1967, 31.

pitulation in Christus tendieren. In diesem Punkt treffen sich die *Summa theologica* des Hl. Thomas von Aquin und die *Constitutio pastoralis* des Zweiten Vatikanums in Rahmen einer analogen Dreifachstruktur. Die *Prima pars* der thomanischen Summa behandelt zunächst den Ausgang aller Dinge aus Gott, die *Secunda* ihre Rückkehr und die *Tertia* schließlich Christus als den geschichtlichen Weg dieser Kreisbewegung. Thomas ordnet die theologischen Orte seiner Summa auf einer heilsökonomischen Kurve[28] an, die ihren christologischen Scheitelpunkt im „Ereignis der Inkarnation"[29]hat:

> „Die [...] christologische Perspektive des Textes [...] schreibt sich in eine [...] theologische Gesamtsicht ein, derzufolge die [...] Inkarnation [...] der von Gott gewählte Weg ist, auf welchem [...] die Schöpfung zu ihrem Schöpfer zurückkehrt."[30]

Was hier zunächst wie ein Kurzresümee der Summa klingt, entstammt in Wirklichkeit einem Kommentar zu *Gaudium et spes:*

> „Man erkennt darin den Plan der Summa theologica des Hl. Thomas wieder, in dem nach Hervorgang und Rückkehr der Schöpfung [...] Christus folgt, ‚der [‚so Thomas,] für uns der Weg des Strebens zu Gott ist' [...]."[31]

Die Pastoralkonstitution des Konzils entspricht der thomanischen Summa in ihrem theologischen Kern aber nicht nur inhaltlich, sondern in der analogen Bauweise ihrer Architektonik auch formal – nur dass hier das integrative Dritte nicht wie im Fall der Summa nachgestellt, sondern vorgeschaltet ist. *Gaudium et spes* verfügt über eine dogmatisch ansetzende *Prima pars*, eine pastoral orientierte *Secunda* und einen in beide Teile einführenden Vorspann mit *Prooemium*, *Expositio introductiva* und der be-

---

[28] Vgl. Max Seckler, Das Heil in der Geschichte. Geschichtstheologisches Denken bei Thomas von Aquin, München 1964.

[29] M.-Dominique Chenu, Le plan de la Somme théologique de saint Thomas, in: Revue Thomiste 45 (1939), 104.

[30] M.-Dominique Chenu, Le rôle de l'Église dans le monde contemporain, in: Barauna, Guilherme (Hg.): L'Église dans le monde de ce temps. Une analyse de la constitution « Gaudium et spes » (Band II), Brügge 1968, 427 f.Chenu mit Blick auf die christologischen Schlussabschnitte in den vier Einzelkapiteln der *Prima pars* der Pastoralkonstitution: „Man hat im ersten Teil an das Ende jedes Kapitels eine Referenz auf Christus gestellt. [...] Würde man alle letzten Abschnitte dieser vier Kapitel [...] zusammenfassen, hätte man einen wunderbaren Traktat Christologie geschaffen. [...] Was hier geschieht, hat das Format des Konzils von Chalzedon." (M.-Dominique Chenu, Un théologien en liberté. Jacques Duquesne interroge le Père Chenu, Paris 1975, 181 f; vgl. GS 22, 32, 38 und 45).

[31] Chenu, Le rôle de l'Église dans le monde contemporain, 428.

kannten ersten Fußnote, die höchstlehramtlich besagt, was das eine mit dem anderen zu tun hat. Wie die thomanische Summa in ihrem Übergang von der *Secunda* zur *Tertia pars*, so wechselt auch die Pastoralkonstitution in ihrem Übergang von der *Prima* zur *Secunda Pars* von der „notwendigen Ordnung“[32] der übernatürlichen Dinge hin zu ihren „historischen Verwirklichungen“[33] im Feld kontingenter Ereignisse – zu jenen berühmten Adnexa also, die wie der dritte Teil der Summa für Chenu kein „nachträglich angehängtes Teilstück“[34] darstellen. Für das entsprechende Zueinander von *Prima* bzw. *Secunda* und *Tertia Pars* der thomanischen Summa gilt strukturell Analoges, weshalb die geschichtliche Grundordnung beider nur ablehnen kann, wer das Historische als theologisch sekundär abwertet[35].

M.-Dominique Chenu

Die schlussendliche Entscheidung des Konzils für eine lehrmäßige Maximalqualifikation der Pastoralkonstitution kam mit konsensualer Mehrheit zustande und war in der Sache denkbar eindeutig – die zitierte Fußnote jedenfalls lässt am lehrhaften Stellenwert der Pastoral keine dogmatischen Zweifel zu. Diese vom Konzil getroffene und vom Papst promulgierte Grundentscheidung stellt mit höchstlehramtlicher Autorität klar, dass pastorale Überlegungen für die Lehre der Kirche von konstitutiver und eben nicht nur von applikativer Bedeutung sind. Damit überschreitet sie die Diskursmöglichkeiten der römischen Schultheologie damals wie heute. Der nun schon mehrfach erwähnte dominikanische Konzilstheologe Chenu – einer der wichtigsten Inspiratoren von *Gaudium et spes*, der vor dem Zweiten Vatikanum eng mit der französischen Bewegung der ‚Arbeiterpriester' verbunden war und nach dem Konzil zu einem „Großvater“[36] der lateinamerikanischen Befreiungstheologie wurde – kommentiert diese ‚pastorale Wende':

> „Pastorale Konstitution – das ist eine neue Kategorie in der Sprache der Kirche. [...] Es handelt sich [...] um eine Konstitution [...]: um eine Sammlung von Aussagen zur Grundverfassung der Kirche selbst [...]. Wir

[32] Chenu, Le plan de la Somme théologique de S. Thomas, 105.

[33] Chenu, Le plan de la Somme théologique de S. Thomas, 105.

[34] Chenu, Le plan de la Somme théologique de S. Thomas, 101.

[35] Vgl. expl. Wilhelm Metz, Die Architektonik der Summa Theologiae des Thomas von Aquin. Zur Gesamtsicht des thomasischen Gedankens, Hamburg 1998.

[36] Vgl. Gustavo Gutiérrez, Meine größte Sorge gilt der Befreiung meines Volkes. Ein Interview mit Gustavo Gutiérrez, in: Orientierung 70 (2006), 107.

> erkennen hier, in ein gutes Gleichgewicht gebracht, die Kohärenz zweier Qualifikationen wieder, die in der ersten Sitzungsperiode des Konzils mehrfach als Rivalen erschienen: Ein pastorales Konzil? Oder ein dogmatisches Konzil? […] Mit dieser Konstitution […] ist die ärgerliche […] Trennung von Dogma und Pastoral […] bereinigt. […] Dieses Konzil ist […] pastoral. Und es ist als Ganzes genau darin zugleich auch dogmatisch […].“[37]

Chenu setzte in einem Vortrag vom 22. September 1965[38], dem in der bewegten Endphase der Debatten über Schema XIII eine Schlüsselrolle zukam, an einer lehrgeschichtlich „sensationellen Passage“[39] der Eröffnungsrede von Papst Johannes XXIII. an, in der dieser vom „vorwiegend pastoralen Charakter des Lehramts“[40] sprach. Im offenbarungstheologischen Hintergrund dieser Neuakzentuierung steht eine aufmerksame lehramtliche Wahrnehmung der „gegenwärtigen Situation“[41], in welcher die Vorsehung Gottes zu einer „Neuordnung der menschlichen Beziehungen führt“[42] und für Dogma wie Pastoral „eher das Heilmittel der Barmherzigkeit als die Waffen der Strenge“[43] nahelegt:

> „Der Duktus des ganzen Abschnittes [= GM 6] […] führt […] zu diesem einen Schlusswort: ‚pastoral‘. Auf dem Hintergrund der ganzen Entwicklung in den Äußerungen von Papst Johannes seit der Ankündigung [des Konzils] können wir […] sagen, dass hier die Dichotomie von ‚Doktrin‘ und ‚Pastoral‘ […] von innen her überwunden ist […].“[44]

Im Kontext dieses pastoral gefassten Begriffs vom kirchlichen Lehramt kommt Chenu in seinem genannten Vortrag dann auch auf die entsprechende Qualifizierung des Zweiten Vatikanums als ‚Pastoralkonzil‘ zu sprechen:

> „Pastoral – mit diesem Begriff ist das Zweite Vatikanische Konzil derart oft und hochrangig qualifiziert worden, dass man es […] mit Hilfe dieser Be-

[37] M.-Dominique Chenu, Une constitution pastorale de l'Église, in Ders.: Peuple de Dieu dans le monde, Paris 1966, 14; 16 f.
[38] Vgl. Sander, Theologischer Kommentar zur Pastoralkonstitution, 650–663.
[39] Chenu, Un concile ‚pastoral‘, 655.
[40] Papst Johannes XXIII, Gaudet mater ecclesia, Nr. 6 („magisterium, cuius indoles praesertim pastoralis est“).
[41] Papst Johannes XXIII, Gaudet mater ecclesia, Nr. 4.
[42] Papst Johannes XXIII, Gaudet mater ecclesia, Nr. 4.
[43] Papst Johannes XXIII, Gaudet mater ecclesia, Nr. 7.
[44] Ludwig Kaufmann – Nikolaus Klein, Johannes XXIII. Prophetie im Vermächtnis, Fribourg 1990, 75.

schreibung inzwischen als Ganzes bestimmen kann. Papst Johannes XXIII. [...] hat sich während der vergangenen drei Jahre immer wieder auf den entsprechenden Einberufungsgrund des Konzils bezogen, ihn verstärkt und präzisiert. Er erinnerte dabei in ebenso hartnäckiger wie sanfter Beharrlichkeit an die Worte Christi, die Probleme der Welt sowie die Ängste und Hoffnungen der Menschen. Die Konvergenz dieser Elemente bereitet jeder Pastoral wirksam den Boden."[45]

Seinen eigenen konzilstheologischen Standpunkt verortet Chenu heilsökonomisch „en profondeur du mystère"[46]:

„Wir möchten zu den profunden Gründen [...] vordringen. Dann können wir besser einschätzen, warum dieser pastorale Charakter auf dem gesamten Feld des Konzils [...] bis in die Tiefenströme hinein [...] zum wichtigsten Kriterium der [...] Wahrheit geworden ist. Und nicht nur zum Motiv von praktischen Entscheidungen [im Sinne simpler ‚Anpassungen']. Kurz gesagt: Pastoral qualifiziert [...] eine bestimmte Sichtweise der Ökonomie des Heils."[47]

Der konziliare Pastoralbegriff berührt somit den „Bereich des Grundsätzlichen"[48]. Es geht nicht mehr, wie noch bei Kardinal Ottaviani, lediglich um die „praktischen Konsequenzen"[49] einer Doktrin, sondern vielmehr um das „eigentliche Wesen"[50] der Kirche selbst. Eine wichtige Gegenposition hatte bereits am Beginn der ersten Sitzungsperiode der Genueser Erzbischof und Kardinal Giuseppe Siri formuliert, ein mehrfacher *papabile* der Konzilsminorität, der bis zum Ende des Zweiten Vatikanums nicht von einer klaren „Trennung der dogmatischen Aussagen von den konkreten Einzelfragen"[51] abrückte. Kardinal Siri äußerte seine Kritik am 18. Oktober 1962 in einem vielbeachteten Zeitungsinterview – die Nähe zu Äußerungen im Kontext der aktuellen Bischofsynode liegt auf der Hand:

„Das Pastorale besteht nicht in einem bloßen Verteilen von Nettigkeiten [...] oder in Akten einer Nachgiebigkeit um jeden Preis. Es besteht vielmehr darin, im Gegenüber zu den Gläubigen genau das zu vollziehen, was unser

[45] Chenu, Un concile ‚pastoral', 655.
[46] Chenu, Un Constitution pastorale de l'Église, 19.
[47] Chenu, Un concile ‚pastoral', 658.
[48] Chenu, Une constitution pastorale de l'Église, 16.
[49] Chenu, Une constitution pastorale de l'Église, 16.
[50] Chenu, Une constitution pastorale de l'Église, 16.
[51] Sander, Theologischer Kommentar zur Pastoralkonstitution, 666.

> Herr selbst getan hat [...]: [...] die gesamte durch ihn geoffenbarte Wahrheit weiterzugeben."[52]

Chenu kommentiert diese vorkonziliar gängige schultheologische „Unterscheidung von Pastoralem und Lehrhaftem“[53]:

> „Wenn man sie auf eine solche armselige Weise definiert, dann verhalten sich beide Begriffe zueinander wie Prinzip und [...] Applikation [...] – und zwar nach der Maßgabe von Höflichkeit und Fertigkeiten, die [...] keine Herausforderung für die Wahrheit selbst darstellen. [...] Der Pastor hat nichts anderes zu tun, als die Entscheidungen des Doktors bereitwillig anzunehmen. [...] Die Texte, die durch die Vorbereitungskommissionen präsentiert wurden, waren [...] auf der Grundlage eines solchen Dualismus aufgebaut. Eine Integration der pastoralen Erfahrungen und der menschlichen Anrufe [...] spielten darin keine Rolle [...].“[54]

In diesem Disput geht es um mehr als ‚nur' um einen theologischen Schulstreit. Es geht um den pastoralen Charakter des Dogmas selbst – und damit um eine Frage der heilsökonomischen Wahrheit des Christentums:

> „Man hat diese unterschiedlichen Standpunkte manchmal so dargestellt, als ob sie [...] Meinungen von theologischen Schulen sichtbar machten, zwischen denen das Konzil nicht Partei ergreifen müsste. In Wahrheit liegen die Unterschiede aber auf einer ganz anderen Ebene. Derjenigen einer allgemeinen christlichen Heilsökonomie nämlich, die jenseits der simplen Unterscheidung von lehrhaften und pastoralen Aufgaben liegt.“[55]

Ein solcher heilsökonomischer Standpunkt[56], der auch den im Kontext der Bischofssynode 2015 mit Blick auf ihre Versöhnungspraxis für geschiedene Menschen gerade immer wieder ins Feld geführten griechischen Ostkirchen eigen ist[57], führt zu einer wechselseitig gleichstufigen Durchdringung von

[52] Chenu, Un concile ‚pastoral', 659.

[53] Chenu, Un concile ‚pastoral', 659.

[54] Chenu, Un concile ‚pastoral', 660.

[55] Chenu, Un concile ‚pastoral', 661.

[56] Vgl. Michael Quisinsky, ‚Heilsökonomie' bei Marie-Dominique Chenu OP. Kreative Rezeption ostkirchlicher Theologie in Vorfeld und Verlauf des Zweiten Vatikanischen Konzils, in: Catholica 59 (2005), 128–153.

[57] Vgl. Andriy Rak, Gottes- und Menschenbild bei Anthony Bloom, Metropolit von Sourozh. Zeitgenössische Grundlagen einer orthodoxen christlichen Ethik, unveröffentlichte Dissertation Innsbruck 2014.

„Dogmatik und Pastoral in Dogmatik und Pastoral“[58] auf dem Konzil. Diese ermöglicht es, sowohl die pastorale Bedeutung des Dogmas als auch den dogmatischen Sinn der Pastoral anzuerkennen:

> „Dogma und Pastoral sind [...] einander wechselseitig zugeordnet. Sie stehen nicht mehr im Verhältnis einer Über- oder Unterordnung, [...] sondern im Verhältnis der gegenseitigen Durchdringung, so dass beides von beidem her verstanden werden muss – eine Revolution vor dem Hintergrund der Geschichte des Fachs Pastoraltheologie, die ja ein Fach der Aufklärung ist und die sich speziell der römischen Dogmatik gegenüber nie durchsetzen konnte.“[59]

Chenu zufolge hat das Konsequenzen für den pastoral konstituierten Grundansatz[60] jeder konzilsgemäßen Theologie:

> „Wir müssen [...] das Wort Gottes heute sprechen lassen. Dann ereignet sich ein theologischer Ortswechsel [...]: die soziale Praxis [...] ist dann ein konstitutives Element der theologischen Produktion [...]. Theologie im Ausgang von der Praxis – das heißt [...], dass die Praxis selbst [...] in das theologische Gewebe [...] eintritt.“[61]

Bischofssynode 1974

Der auf dem Konzil erzielte Konsens über die skizzierten Lehrprobleme hielt nicht lange. Eine kirchenpolitische Schlüsselrolle mit Blick auf die Nachkonzilszeit – das Àpres-Concile, wie die Franzosen sagen – spielte dabei die Bischofssynode 1974 über die Evangelisierung („De evangelizatione mundi huius temporis“). Auch hier prallten die skizzierten Positionen aufeinander, allerdings ohne ein konsensuales Endergebnis. Die personale Kontinuität zu den konziliaren Auseinandersetzungen um die Pastoralkonstitution signalisieren allein schon die Namen der Synodenväter Kardinal Garonne bzw. Kardinal Felici und Kardinal Siri. Neben zwei späteren Päpsten – Albino Luciani/Papst Johannes Paul I. und Karol Wojtyla/Papst Johannes Paul II. –

---

58 Elmar Klinger, Armut – eine Herausforderung Gottes. Der Glaube des Konzils und die Befreiung des Menschen, Zürich 1990, 120.

59 Elmar Klinger, Das Aggiornamento der Pastoralkonstitution. in: Franz-Xaver Kaufmann – Arnold Zingerle (Hg.), Vatikanum II und Modernisierung. Historische, theologische und soziologische Perspektiven, Paderborn 1996, 181.

60 Vgl. Sander, Glauben im Zeichen der Zeit.

61 M.-Dominique Chenu, Théologiens du tiers monde, in: Concilium (1981), 41 f.

waren auch andere wichtige Protagonisten des Konzils beteiligt: Kardinal Suenens, Kardinal Döpfner, Kardinal König und weitere. Die Synode konnte sich in wesentlichen Fragen nicht einigen und ging ohne einen wirklichen Schlusstext auseinander. Gescheitert war sie am diametralen Gegensatz einer induktiv in der Pastoral ansetzenden und einer deduktiv beim Dogma ansetzenden Methodik. Hermann Josef Pottmeyer skizziert den konzilstheologischen Ausgangspunkt:

> „Im Bewusstsein des historischen Wandels [...] hatte [...] das 2. Vatikanum eine Erkenntnisweise vorgeschlagen, die auf die ‚Zeichen der Zeit' achtet. Seitdem ist unter den Theologen umstritten, ob die ‚Zeichen der Zeit' ein eigener locus theologicus sind [...]. Jedenfalls öffnet sich eine Theologie, die die ‚Zeichen der Zeit' beachtet, neuen Erfahrungen [...]. Gerade das Thema ‚Evangelisierung' lud nun dazu ein, diesen Weg auch auf der Synode zu versuchen. Schon bei der Planung [...] hatte man sich dafür entschieden, nicht mit der Diskussion eines Textes zu beginnen, sondern mit dem Austausch von Erfahrungen."[62]

Ein breit angelegter ‚Bericht zur Lage der Kirche', in welchem der brasilianische Franziskaner und Erzbischof Kardinal Aloísio Lorscheider von Fortaleza ein Panorama der globalen Gegenwartssituation entwarf, eröffnete die Arbeiten der Synode. Es folgten entsprechende Kontinentalberichte und dann ein erfahrungsbasierter Austausch in kleinen Gesprächsgruppen („ciruli minores"). An diesem Punkt wurden die beiden Synodensekretäre wichtig, in deren unterschiedlichem Vorgehen sich die genannten theologischen Differenzen exemplarisch personalisieren lassen. Auf der einen Seite stand der induktiv vorgehende Duraisamy Amalorpavadass vom *National Biblical, Catechetical and Liturgical Centre* in Bangalore, dessen Aufgabe es war, die Ergebnisse dieses ersten Teils der Synode zusammenfassen[63]. Und auf der anderen Seite stand der deduktiv verfahrende Domenico Grasso SJ von der Gregoriana in Rom, mit dessen Relatio der zweite Teil der Synode

[62] Hermann J. Pottmeyer, Von der Bischofssynode 1974 zur Apostolischen Exhortation 'Evangelii nuntiandi', in: Istituto Paolo VI (Hg.), L'esortazione apostolica di Paolo VI ‚Evangelii nuntiandi'. Storia, Contenuti, Ricezione, Brescia 1998, 95.

[63] Siehe die durch Erzbischof Kardinal Joseph Cordeiro/Karachi in der Synodenaula vorgetragene Synthese in Giovanni Caprile, Il sinodo die vescovi 1974. Terza assemblea generale (27 settembre – 26 ottobre 1974), Rom 1975, 991–1006. Siehe auch die erste Debattensynthese, die Amalorpavadass vor dem Austausch der *circuli minores* vorgelegt hatte in Caprile, Il sinodo die vescovi 1974, 931–956.

begann[64], in der es um eine theologische Reflexion der ausgetauschten Erfahrungen ging:

> „Als […] die Verantwortung für alle induktiven Arbeiten […] dem indischen Spezialsekretär Amalorpavadass anvertraut wurde, während Grasso nur noch für den theologischen Teil zuständig blieb, kam es zum Konflikt zwischen der klassischen […] und der neuartigen Konzeption theologischer Erkenntnis. Grasso und Amalorpavadass […] konnten zu keiner Zusammenarbeit finden, und daran scheiterte das Schlussdokument. Es scheiterte aber nicht am Kontrast zweier Persönlichkeiten, sondern am Kontrast des klassischen Theologiekonzepts mit der neuartigen Konzeption theologischer Erkenntnis, die konsequent von der Pluralität der Erfahrungen ausgeht."[65]

Der Synodenbeobachter Ludwig Klein SJ berichtet:

> „Pater Grasso hatte von Anfang an eine klare Vorstellung, worauf die Synode hinaus sollte. […] Amalorpavadass allerdings hatte eine ganz andere Auffassung von Theologie. Gemäß dem von der Synode zuerst eingeschlagenen Erfahrungsweg bezeichnete er die […] Realitäten der Welt als den ‚Umkreis, worin Gott […] sich uns offenbart'. In ihnen als einer Vielzahl von ‚Zeichen der Zeit' zu lesen, sie als solche […] zu deuten, sei die Aufgabe: nur so könne die Synode zur Einsicht gelangen, was Gott mit der Kirche vorhabe […]. Auch er, in seiner ‚Synthese der Erfahrungen', war bereits auf dem Weg der theologischen Deutung […]."[66]

---

[64] Siehe die durch Erzbischof Kardinal Karol Wojtyla/Krakau in der Synodenaula vorgetragene Relatio Caprile, Il sinodo die vescovi 1974, 965–990.

[65] Pottmeyer, Von der Bischofssynode 1974 zur Apostolischen Exhortation 'Evangelii nuntiandi', 96.

[66] Ludwig Kaufmann, Bischofssynode ohne Manifest, in Orientierung (1974), 229 f.Pottmeyer resümiert den Amalorpavadass-Bericht: „Der Bericht von Amalorpavadass ist ohne Zweifel das interessanteste Dokument der Synode. Er zeigt nämlich am deutlichsten den Eintritt in eine neue Epoche der Kirchengeschichte an. Die Perspektive ist die Asiens und Afrkas, wo […] Zweidrittel der Menschheit leben. Dort sei die Kirche eine Minderheit, umgeben von großen alten Religionen, die das Leben der Völker prägen […]. [Als ein] […] zweiter Faktor [wird] auf die Volksreligiosität […] aufmerksam gemacht. Als dritter Faktor wird der antikolonialistische Kampf um Unabhängigkeit genannt […]. Für die Glaubwürdigkeit der Kirche in diesen Ländern sei es entscheidend, dass sie ihr europäisches Gesicht aufgebe und sich […] in die Kultur der Völker inkarniere. Der vierte Faktor der Gegenwart seien Armut, Unterentwicklung […] und Unterdrückung […]. […] Als fünfter Faktor wird der tiefe soziale Wandel genannt, der durch […] Wissenschaft und Technik ausgelöst würde. An sechster Stelle wird der Prozess der Säkularisierung genannt, der sehr differenziert gesehen wird. Das führt zum siebten Faktor, dem universalen Einfluss der atheistischen Ideologie […]." (Pottmeyer, Von der Bischofssynode 1974 zur Apostolischen Exhortation 'Evangelii nuntiandi', 102 f).

Der zweite Synodenteil sollte dann eine explizit theologische Synthese des synodalen Erfahrungsaustauschs erstellen – wobei bereits diese Aufspaltung in einen ‚pastoralen' ersten und einen ‚dogmatischen' zweiten Teil ein konzilstheologisches Problem darstellt, das einen echten Erfolg der Synode verhinderte. Auf dieser Grundlage sollte dann in einem dritten Synodeteil der Entwurf eines gemeinsamen Schlussdokuments beraten werden. Dabei kam es zu einer nachkonziliaren Neuauflage der Kontroversen um *Gaudium et spes*. Die Bischöfe schafften nicht mehr, was ihnen auf dem Konzil noch gelungen war: eine gemeinsame Positionsbestimmung im Sinne der Pastoralkonstitution. Die Synode endete ohne gemeinsames Schlussdokument – der Papst war gefordert. Paul VI. legte dann auch 1975 eines seiner wirkungsvollsten, in weiten Teilen noch immer prophetischen Lehrschreiben vor: *Evangelii nuntiandi*. Die Spaltung zwischen beiden synodalen Methoden, dem induktiven Ansatz in der Pastoral und dem deduktiven Ansatz im Dogma, ist seitdem weltkirchlich manifest. Möglicherweise hätte man ein anderes Ergebnis erzielen können, wenn man sich stattdessen auf einen *abduktiven Prozess* eingelassen hätte, in dem Dogma und Pastoral einander in Form einer kreativen Differenz zugeordnet werden. Theologische Induktion nämlich schließt von pastoralen Einzelfällen über sich daraus ergebende Folgerungen auf dogmatische Allgemeingesetze, theologische Deduktion dagegen von dogmatischen Allgemeingesetzen über sich daraus ergebende Folgerungen auf pastorale Einzelfälle.

Theologische Abduktion verfährt anders. Diese in ihrer Benennung auf Charles S. Peirce zurückgehende logische Schlussart setzt pastorale Einzelfälle und dogmatische Allgemeingesetze in eine produktive Spannungseinheit, aus der sie dann ihre jeweiligen Folgerungen zieht – und zwar ohne sie nach einer der beiden Seiten hin aufzulösen. Abduktiv verfahrende Theologie hält die Spannung und überschreitet somit die komplementäre Dichotomie von Induktion und Deduktion. Ihr wechselseitig gleichstufiges Zueinander von Dogma und Pastoral böte sowohl ‚deduktiv' ausgerichteten Konservativen als auch ‚induktiv' ausgerichteten Progressiven mögliche diskursive Kontaktpunkte für ein weiterführendes Gespräch. Abduktives Schließen bricht nämlich mit der verfahrenslogischen Linearität von Deduktion und Induktion, die jeweils zu vermeintlich ‚wasserdichten' Ergebnissen kommen. Indem sie die jeweiligen Einstiegspunkte von Induktion und Deduktion in einen produktiven Kontrast bringt, gewinnt theologische Abduktion stattdessen *hypothetische* Folgerungen im Sinne von experimentellen Handlungsregeln. Induktion und Deduktion verbleiben im Reich der Notwendigkeit. Abduktion jedoch verlässt den festen Grund logisch zwingender Schlüsse und begibt sich auf den – auch in existenzieller Hinsicht – wackeligen Boden einer Hypothese. Sie führt hinaus ins Weite.

Innsbrucker Verkündigungstheologie

Blenden wir von diesem nachkonziliaren Schlüsselereignis, bei dem die Kirche vor einem ähnlichen Scheideweg wie heute stand, noch einmal zurück in die theologische Vorgeschichte des Konzils. Bereits 1937 hatte M.-Dominique Chenu in seiner Programmschrift *Une école de théologie: Le Saulchoir* die klassische Topologie der Dogmatik seines dominikanischen Mitbruders Melchior Cano überschritten, indem er von „lieux théologiques en acte“[67] sprach – von theologischen Praxisorten, die für das Dogma von ebenso konstitutiver Bedeutung sind wie alle übrigen *loci theologici:*

> „Der Theologe lebt davon, dass seine Augen für die Christenheit [...] weit geöffnet sind. Und so betrachten wir voll heiliger Neugierde [...] theologische Praxisorte für die Lehren von Gnade, Inkarnation und Erlösung [...]. Schlechte Theologen wären jene, die sich in ihre Folianten und scholastischen Dispute eingraben würden und diesem Schauspiel gegenüber nicht offen wären – und zwar nicht nur im frommen Eifer ihres Herzens, sondern auch in ihrer Wissenschaft [...].“[68]

Zur gleichen Zeit veröffentlichte der damalige Innsbrucker Pastoraltheologe, der Jesuit Josef Andreas Jungmann, sein Buch *Die Frohbotschaft und unsere Glaubensverkündigung*, das „wegweisend für die kerygmatische Fragestellung“[69] der sogenannten ‚Innsbrucker Verkündigungstheologie' werden sollte. Jungmann unterschied darin zwischen der „theologisch-wissenschaftlichen Fassung des Dogmas und der lebenspraktischen Darstellung desselben“[70] und betonte mit Blick auf angehende Priester:

> „Der Sinn des theologischen Studiums ist aber nicht der, dass sie diese [...] in verkleinertem Format und vergröberter Ausführung an die Gläubigen weitergeben sollen.“[71]

[67] Gilbert Keith Chesterton, Das Abenteuer des Glaubens, Olten 1946, 142.
[68] M.-Dominique Chenu, Une école de théologie: Le Saulchoir, Paris 1985 [Neuausgabe], 142 f.
[69] Joseph Ratzinger, Dogma und Verkündigung, München 1973, 44.
[70] Josef Andreas Jungmann, Die Frohbotschaft und unsere Glaubensverkündigung, Regensburg 1936, V.
[71] Jungmann, Die Frohbotschaft und unsere Glaubensverkündigung, V; 53; 56 f.

Eine konzilstheologisch bedeutsame Diskurskonstellation, die sich in der Pianischen Ära erheblichen Schwierigkeiten ausgesetzt sah[72], ehe sie auf dem Zweiten Vatikanum dann lehramtliche Anerkennung erfahren konnte: Hier der französische Dominikaner als Vordenker einer pastoral konstituierten *Nouvelle théologie*, dort der österreichische Jesuit als Vordenker einer lebenspraktisch ausgerichteten Verkündigungstheologie. Auf dem Konzil sollten sich dann schließlich, so lässt sich ein bekanntes Konzilsbonmot variieren, die Seine und der Inn in den Tiber ergießen. Noch in den 1930er Jahren hatte Jungmanns verkündigungstheologische Programmschrift eine lebhafte Debatte ausgelöst, an der sich auch der Innsbrucker Dogmatiker Karl Rahner beteiligte:

> „Weil […] das religiöse Leben und die Theologie […] zu wenig eine lebendige Einheit bilden, […] darum sehen unsere heutigen Schuldogmatiken heute so aus, wie sie auch vor 200 Jahren ausgesehen haben. Man darf bei der Wertung dieses Zustandes nicht meinen, der gewünschte Unterschied könne […] in einer nur […] rhetorischen Adaption einer alten Dogmatik an unsere Zeit, in neuen […] praktischen Korollarien bestehen. In dieser Hinsicht gilt vielmehr: eine Dogmatik […] soll sich bemühen, sachgemäß zu sein […], dann wird sie von selbst zeitgemäß […].“[73]

Karl Rahner wendet sich gegen die von seinen Innsbrucker Mitbrüdern Josef A. Jungmann, Hugo Rahner, Franz Dander und Franz Lakner vertretene Option, den schultheologischen Kerndiskurs der Dogmatik unberührt zu lassen und ihm einen pastoral ausgerichteten Vorfelddiskurs zur Seite zu stellen:

> „Das […] wichtigste Missverständnis, das die sogenannte ‚Verkündigungstheologie' vertrat […], war […], dass die Meinung entstand […], es könne die wissenschaftliche Theologie so bleiben, wie sie ist, es sei nur ‚daneben' eine kerygmatische Theologie zu erbauen und diese bestehe im wesentlichen darin, ‚dasselbe', was die […] Schultheologie schon erarbeitet habe, ein wenig anders, ‚kerygmatischer' zu sagen […]. In Wirklichkeit ist die strengste, leidenschaftlich der Sache allein ergebene […] Theologie selber auf die Dauer die kerygmatischste.“[74]

---

[72] Chenus Buch *Une école de théologie: Le Saulchoir* wurde 1942 auf den Index der verbotenen Bücher gesetzt, Jungmanns Buch *Die Frohbotschaft und unsere Glaubensverkündigung* wurde aufgrund römischen Drucks kurz nach seinem Erscheinen aus dem Verkehr gezogen.

[73] Karl Rahner, Über den Versuch eines Aufrisses einer Dogmatik, in Ders.: Schriften zur Theologie I, Einsiedeln 1954, 15.

[74] Rahner: Über den Versuch eines Aufrisses einer Dogmatik, 15.

Die Debatte verlief sich in den Wirren der Kriegszeit. Nach dem Zweiten Vatikanum wurde sie von beiden Seiten mit neuen Akzenten wiederaufgenommen. Ausgehend von der Konzilseröffnungsrede von Papst Johannes XXIII. („Lehramt, das vor allem pastoraler Natur ist“[75]), schrieb Jungmann:

> „Die Forderung, dass in unserer Verkündigung vor allem das Kerygma hervortreten soll, [...] steht [...] in einer gewissen Spannung zur dogmatischen Theologie, wie diese herkömmlicherweise [...] weitergegeben wird. Es ist jedenfalls auffallend, dass, seitdem jene Forderung erhoben wurde, eine lebhafte Diskussion gerade um diese Spannung entstanden ist, um die Frage: ob die Forderungen [...] nach einer größeren Lebensnähe [...] eine eigenständige Theologie notwendig mache.“[76]

Folgte der Titel seines Buches *Die Frohbotschaft und unsere Glaubensverkündigung* (1936) noch einer additiven Und-Zuordnung von Dogma und Pastoral, so entspricht der Titel seines späteren Buches *Glaubensverkündigung im Lichte der Frohbotschaft* (1963) dann schon einer inkarnatorischen In-Grammatik nach dem konzilstheologischen Grundmodell ‚Kirche in der Welt von heute', welche die Pastoral („Glaubensverkündigung“) im Licht des Dogmas („Frohbotschaft“) betrachtet. Während der Pastoraltheologe Jungmann mit seinem liturgiehistorischen Ansatz somit indirekt die dogmatische Bedeutung der Pastoral würdigte, erkundete der Dogmatiker Rahner mit seiner transzendentalen Anthropologie den pastoralen Sinn des Dogmas – und beide gemeinsam stehen auf dem Boden der Lehre des Konzils. In Bezug auf die sich daraus ergebende Notwendigkeit einer eigenen theologischen Fachdisziplin für den dogmatischen Stellenwert der Pastoral ist auch bei Rahner im Kontext seiner Arbeit als Herausgeber des *Handbuchs der Pastoraltheologie* (1964–1972) ein gewisser Lernprozess zu verzeichnen. Er thematisiert nun den wissenschaftlichen Status einer Pastoraltheologie, deren grundlegende theologische Orte neben den *loci proprii* (= die anderen theologischen Disziplinen) und den *loci alieni* (= die nichttheologischen Diskurse) auch die von Chenu beschriebenen *loci theologici in actu* einer bestimmten Gegenwart sind. *Gaudium et spes* ermöglicht eine lehramtliche Neubegründung dieser Disziplin, die sich nach ihrem vorkonziliaren Status einer primär anwendungsbezogenen Vermittlerin von Handwerkszeug für angehende Priester nun neu ausrichten kann:

---

[75] Josef Andreas Jungmann, Glaubensverkündigung im Lichte der Frohbotschaft, Innsbruck – Wien – München 1963, 7 f.

[76] Jungmann, Glaubensverkündigung im Lichte der Frohbotschaft, 60 f.

> „Wenn ein Konzil ‚Über die Kirche in der Welt von heute' in einer eigenen Konstitution handelt, dann muss es dieses Thema doch auch [...] in der Theologie geben. [...] Es bedarf einer praktischen Theologie, die es [...] noch gar nicht gibt. Das pastorale Konzil ruft nach einer neuen, in ihrer Thematik wesentlich erweiterten und in ihrer Methode vertieften Pastoraltheologie [...]. [...] Auf dem Gebiet einer so verstandenen [...] ‚Praktischen Theologie' ist fast noch alles zu tun."[77]

Rahner zieht entsprechende Konsequenzen für die Anerkennung der Pastoraltheologie als „eigene theologische Disziplin"[78]:

> „Meist werden Vertreter der anderen Disziplinen die praktische Theologie als ein Sammelsurium [...] betrachten, [...] als bloße Sammlung psychologischer, didaktischer, soziologischer Klugheitsregeln, die aus der einfachen Seelsorgepraxis unmittelbar gewonnen werden. Kein Wunder, dass man [...] an das [...] wissenschaftliche Niveau des praktischen Theologen [...] meist geringere Anforderungen stellen zu dürfen meint [...]."[79]

Eine sich dezidiert auch selbst als dogmatisch relevante Theologie[80] und nicht mehr nur als deren Anwendung verstehende nachkonziliare Pastoraltheologie ist so etwas wie die disziplingewordene Selbsterinnerung der Theologie insgesamt an ihren eigenen konstitutiven und nicht nur applikativen Pastoralbezug:

> „Die zweite [...] Forderung besteht darin, dass die übrigen Disziplinen das Moment von praktischer Theologie, das in ihnen selbst ist [...], erkennen [...]. [...] Die praktische Theologie [...] kann den anderen Disziplinen ihre Bezogenheit auf den Selbstvollzug der Kirche [...] nicht abnehmen, wenn sie auch [...] in dieser Hinsicht eine [...] kritische Funktion [...] auszuüben hat."[81]

[77] Karl Rahner, Die Herausforderung der Theologie durch das Zweite Vatikanische Konzil, in Ders.: Schriften zur Theologie VIII, Einsiedeln – Zürich – Köln 1967, 39 f.

[78] Karl Rahner, Die Praktische Theologie im Ganzen der theologischen Disziplinen, in Ders.: Schriften zur Theologie VIII, Einsiedeln – Zürich – Köln 1967, 139.

[79] Rahner, Die Praktische Theologie im Ganzen der theologischen Disziplinen, 139.

[80] Vgl. expl. die einzelnen Bücher bzw. Traktate der ‚Praktischer Dogmatik' von Ottmar Fuchs: Praktische Eschatologie („Das jüngste Gericht"), Praktische Ekklesiologie („Im Innersten gefährdet"), Praktische Gnadenlehre („Wer's glaubt, wird selig..."), Praktische Gotteslehre („Der zerrissene Gott") sowie demnächst auch Praktische Sakramentenlehre („Immer gratis, nie umsonst").

[81] Rahner, Die Praktische Theologie im Ganzen der theologischen Disziplinen, 140/142.

Papst Benedikt XVI.

Joseph Ratzinger hat die Debatte um die Innsbrucker Verkündigungstheologie nicht nur wahrgenommen, sondern auch aktiv mitgestaltet. Wenige Jahre nach dem Konzil betonte er, die vorkonziliar abgebrochene Diskussion um die Verkündigungstheologie müsse wieder „neu aufgenommen werden“[82]:

> „Wenn sich [...] Dogma und Kerygma eng berühren, aber nicht einfach decken, so ergibt sich [...] eine Differenz zwischen der systematischen Reflexion des Dogmas in der theologischen Wissenschaft und der konkreten Präsentation des Glaubens in der Verkündigung [...]. Beide müssen aufeinander schauen, aber beide haben ihre Eigengesetzlichkeit und von da aus ihren je eigenen Weg.“[83]

Schon während des Konzils hatte sich Ratzinger mit der pastoralen Grundbestimmung des Zweiten Vatikanums auseinandergesetzt. In seinem Bericht über die erste Sitzungsperiode des Konzils heißt es dazu:

> „‚Pastoral' – das sollte nicht heißen: verschwommen, substanzlos, bloß erbaulich [...]. Sondern es sollte heißen: in der positiven Sorge um den heutigen Menschen formuliert, [...] der [...] endlich hören will [...], was wahr ist, mit welcher positiven Botschaft der Glaube unserer Zeit gegenübertreten kann, was er positiv ihr zu lehren und zu sagen hat.“[84]

Was zunächst wie eine Parteinahme für den konzilstheologischen Standpunkt Chenus klingt, weist bei näherem Hinsehen doch auch einige aufschlussreiche Differenzen auf. Zum einen ist hier in einem abstrahierenden Singular vom „heutigen Menschen“[85] die Rede, hinter dem eine pastorale Wahrnehmung des Plurals von Lebenslagen konkreter Menschen („Freude und Hoffnung, Trauer und Angst...“) verschwindet. Zum anderen geht es hier um die Pastoral eines Glaubens, der seiner Zeit auf einer missionarischen ‚Einbahnstraße' verkündigend „gegenübertritt“[86]. Ganz anders Chenus explorativ ausgerichtete pastorale Lernvermutung in Bezug auf das säkulare Außen der Welt: „Ich bin nur froh, dass die Kirche – endlich – in die

[82] Ratzinger, Dogma und Verkündigung, 58.
[83] Ratzinger, Dogma und Verkündigung, 58.
[84] Ratzinger, Joseph, Die erste Sitzungsperiode des Zweiten Vatikanischen Konzils, Köln 1963, 45.
[85] Ratzinger, Die erste Sitzungsperiode des Zweiten Vatikanischen Konzils, 45.
[86] Ratzinger, Die erste Sitzungsperiode des Zweiten Vatikanischen Konzils, 45.

Welt geht, dort hat sie viel zu lernen."[87] Dort wird man dann aber nicht nur auf Menschen treffen, die darauf warten, endlich zu „hören"[88], was aus kirchlicher Sicht „wahr ist"[89]. Ein zweiter aufschlussreicher Punkt:

> „‚Pastoral' sollte nicht heißen: verwaschen und unpräzis, sondern es sollte heißen: frei von Schulgezänk, ohne Einmischung in Fragen, die nur die Gelehrten angehen, ohne weitere Beschneidung der Diskussionsmöglichkeit unter ihnen […]."[90]

Die Gefahr dieser Aussage besteht in einer Diffamierung des theologischen Diskurses als Schulgezänk zugunsten eines lehramtlichen Schutzes ‚einfacher Leute' vor dem Plural differenter Schulmeinungen. Damit einher geht auch eine potenzielle Abwertung des Pastoralen durch seine Trennung von den dogmatischen „Fragen, die nur die Gelehrten angehen"[91]. Noch ein dritter Gesichtspunkt, der in direktem Zusammenhang mit der Innsbrucker Verkündigungstheologie steht:

> „‚Pastoral' sollte endlich heißen: ohne die Sprache der Schule (die dort, nämlich in der Schule […] notwendig ist, aber nicht in die Verkündigung […] gehört), in der Sprache der Schrift, der Väter, des Menschen von heute […]."[92]

Hier tritt der bereits erwähnte Singular wieder auf – eine theologische Abstraktion des „allzeit einen Menschen"[93], wie es bei Ratzinger dann weiter heißt. Damit ist eine implizite Trennung von Schuldogmatik und Verkündigungspastoral gegeben, die den dogmatischen Kerndiskurs von pastoralen Vorfeldproblemen tendenziell unberührt lassen möchte – siehe Rahners einschlägige Kritik an der Verkündigungstheologie. Das Thema beschäftigte Josef Ratzinger auch noch nach dem Konzil. In seinem berühmten Vortrag zur „Krise der Katechese"[94] kritisierte er als Präfekt der Glaubenskongregation 1983 in Frankreich, dass die nachkonziliare Pastoraltheologie – also die *theologische* Reflexion auf pastorale Orte – sich inzwischen nicht mehr

[87] M.-Dominique Chenu, Auf der Suche nach den ‚Zeichen der Zeit'. Wer den Glauben verstehen will, muß seine Geschichtlichkeit ernstnehmen, in: Publik-Forum 16 (1981), 16.
[88] Ratzinger, Die erste Sitzungsperiode des Zweiten Vatikanischen Konzils, 45.
[89] Ratzinger, Die erste Sitzungsperiode des Zweiten Vatikanischen Konzils, 45.
[90] Ratzinger, Die erste Sitzungsperiode des Zweiten Vatikanischen Konzils, 45 f.
[91] Ratzinger, Die erste Sitzungsperiode des Zweiten Vatikanischen Konzils, 45.
[92] Ratzinger, Die erste Sitzungsperiode des Zweiten Vatikanischen Konzils, 46.
[93] Ratzinger, Die erste Sitzungsperiode des Zweiten Vatikanischen Konzils, 46.
[94] Joseph Ratzinger, Die Krise der Katechese und ihre Überwindung. Rede in Frankreich, Einsiedeln 1983.

als eine „Weiterführung und Konkretisierung der Dogmatik bzw. der Systematischen Theologie“[95], sondern vielmehr als „ein eigener Maßstab“[96] verstehe, was Ratzinger zufolge einer neomarxistisch inspirierten „Überordnung der Praxis über die Wahrheit“[97] gleichkomme. Hier wird eine pastoraltheologisch wesentliche Differenz übergangen. Es ist nämlich keineswegs dasselbe, ob man die Pastoral als *einen* theologischen Maßstab gleichstufig *neben anderen* (z. B. Schrift und Tradition, aber auch Konzilien und Päpste sowie Kirchenväter, Scholastik und andere Theologien) versteht oder ob man diesen Maßstab im Sinne einer hier zu Recht kritisierten ‚Überordnung‘ der Pastoral verabsolutiert und sie auf diesem Weg zum einzigen Wahrheitskriterium überhaupt macht. Ähnlich wie Ratzinger hatte bereits der Dominikaner Réginald Garrigou-Lagrange, einer der Väter der römischen Schultheologie, im Kontext der Indizierung[98] von Chenus Programmschrift *Une école de théologie: Le Saulchoir* im Jahre 1942 geurteilt:

> „Diese Verirrung in Bezug auf das Wesen der Theologie [...] entstammt Ideen, die [...] nicht weniger als eine Änderung des ewigen Wahrheitsbegriffs anzielen. Und zwar im Sinne eines spirituellen Pragmatismus, der [...] zu einem Semi-Modernismus hinführt. [...] Die Modernisten [...] definierten die dogmatische Wahrheit von einem pragmatistischen Standpunkt aus als Konformität [...] mit unserer religiösen Erfahrung [...].“[99]

Hier wird eine theologische Kurzformel Chenus in *Une école de théologie* als „pragmatistische Definition der Wahrheit“[100] kritisiert:

> „Eine ihres Namens würdige Theologie ist eine Spiritualität, die ihrer religiösen Erfahrung gemäße Vernunftwerkzeuge gefunden hat.“[101]

Garrigous Kritik an dieser erfahrungsbasierten Theologieformel basiert auf der Verwechslung eines pragmatistischen und eines pragmatizistischen

[95] Ratzinger, Die Krise der Katechese und ihre Überwindung, 16.
[96] Ratzinger, Die Krise der Katechese und ihre Überwindung, 16.
[97] Ratzinger, Die Krise der Katechese und ihre Überwindung, 16.
[98] Nach dem Konzil kam es zu einer offiziellen Rehabilitierung Chenus durch Papst Paul VI., der ihn 1967 als Konsultor in den Päpstlichen Rat für den Dialog mit den Nichtglaubenden berief. Beim feierlichen Requiem für Chenu in der Pariser Kathedrale Notre Dame wurde 1990 durch den römischen Nuntius ein offizielles Beileidstelegramm des Papstes verlesen.
[99] Réginald Garrigou-Lagrange, Pièces relatives à la condamnation du Père Chenu. Fünfzehnseitiges maschinenschriftliches Dossier von 1942; Archives-Chenu/Paris [Abteilung 1942], 14.
[100] Garrigou-Lagrange, Pièces relatives, 3.
[101] Chenu, Une école de théologie, 148 f.

Wahrheitsbegriffs. Mindestens zwei Dinge sind hier zu unterscheiden. Zunächst einmal die pragmatistische Ebene, die Garrigou mit Recht als den Ort eines möglichen Fehlschlusses von menschlicher Praxis auf die Wahrheit selbst kritisiert. Und dann ist da aber auch noch eine pragmatizistische Ebene, die für einen philosophischen Diskurs der Moderne steht, der auf Charles S. Peirce zurückgeht und in dem Wahrheit und Praxis einander konstitutiv zugeordnet, nicht aber identifiziert werden. Um den bei Chenu vermuteten pragmatistischen Fehler einer Identifikation von Praxis und Wahrheit abzuwehren, verwirft Garrigou auch das pragmatizistische Potential einer Bewährung der Wahrheit des Dogmas auf dem pastoralen Praxisfeld. Das negative Doppel dieser Praxisbewährung besagt, dass ein dem Evangelium widersprechendes Lebenszeugnis die Wahrheit dogmatischer Aussagen auch verdunkeln kann:

> „Die Büros der Kurie [...] setzten ihre Geschäfte ohne Aufmerksamkeit für das Drama der Menschen fort. Das ist ein Zeichen für den Irrtum ihrer Theologie [...].“[102]

Chenu war kein Pragmatist eines relativistischen Wahrheitsbegriffs, sondern vielmehr ein Pragmatizist eines relativen Wahrheitsbegriffs[103], der die Ebenen von Praxis und Wahrheit über die Differenz von „religiöser Erfahrung“ und „Vernunftwerkzeugen“ zu vermitteln wusste. Menschliche Erfahrung kann, durch das Feuer vernunftgemäßer Kritik hindurchgegangen, demzufolge ein „locus theologicus in actu“[104] mit eigener Autorität sein. Beide Spitzenaussagen von *Une école de théologie*, Chenus erfahrungsbasierte Theologieformel und seine Rede von den theologischen Praxisorten, hängen auf das Engste miteinander zusammen. In beiden Fällen geht es um eine Spiritualität, welche die praktischen Orte ihrer Erfahrung nicht nur als solche wahrnimmt, sondern auch über entsprechende Vernunftwerkzeuge zu ihrer theologischen Qualifikation verfügt. Sobald man aber das Spirituelle als eine erfahrungsbasierte Konstituente der Theologie anerkennt, kann man das Pastorale als einen theologischen Ort bezeichnen. Eine solche konzilstheologische Argumentation überschreitet nun aber die Diskursmöglichkeiten einer Dogmatik, wie sie auch Josef Ratzinger bzw. Papst Benedikt XVI. vertritt. In seinem Pontifikat ist in Rom und anderswo ein

---

[102] Chenu, Un théologien, 32.

[103] Vgl. Chenu, Une école de théologie, 120.

[104] Chenu, Une école de théologie, 142.

restauratives Klima entstanden, in welchem der dogmatische Stellenwert eines ‚Pastoralkonzils'[105] wieder grundsätzlich angefragt werden konnte:

> „[Auf dem Konzil] […] entstanden Texte, die Richtlinien für das praktische Leben vorstellen […]. […] Hier geht es um pastorale Lehrverkündigung im Dienst einer bestimmten Praxis, nicht um die Ausübung des Magisteriums als Feststellung von Wahrheit."[106]

Die Wiederannährung an die auf den dissidenten Konzilsvater Lefebvre zurückgehende schismatische Priesterbruderschaft Pius' X. ließ Stimmen laut werden, die das dogmatische Lehramt des Zweiten Vatikanums lediglich als ein „munus praedicandi"[107] verstehen wollten – so die bei Kardinal Josef Becker entstandene Dissertation eines traditionalistischen Kreisen nahestehenden Kurienmitarbeiters, die von Bernard Fellay, dem Leiter der Pisbruderschaft, folgendermaßen interpretiert wurde:

> „Wir kennen jemanden, der im Vatikan arbeitet und eine Dissertation über das Lehramt des Zweiten Vatikanums verfasst hat. Er selbst hat uns davon erzählt […]. […] Seine These lautet: Die Autorität des Konzilslehramtes entspricht der einer Predigt in den 60er Jahren."[108]

Diese Äußerung liegt auf der konzilskritischen Gesamtlinie Erzbischof Lefebvres: „Ein pastorales, nicht dogmatisches Konzil ist eine Predigt, die an sich nicht mit Unfehlbarkeit ausgestattet ist."[109] In dieser traditionalistischen Gedankenwelt bewegt sich auch die erwähnte römische Doktoratsthese. Sie gründet auf einem völligen Übergehen der Pastoralkonstitution, derzufolge das Zweite Vatikanum eben keine dogmatistische „Lehr*verkündigung*"[110] darstellt, sondern vielmehr dogmatische ‚Verkündigungs*lehre*'[111]. Die entsprechende lehrmäßige Bedeutung der Pastoral hat erst in der Schlussphase des Pontifikats von Papst Benedikt durchschlagende römische Wirksamkeit

[105] Vgl. expl. Brunero Gherardini, Das Zweite Vatikanische Konzil. Ein ausstehender Diskurs, Mülheim 2010 sowie Roberto de Mattei, Das Zweite Vatikanische Konzil. Eine bislang ungeschriebene Geschichte, Lindau 2011.

[106] Florian Kolfhaus, Pastorale Lehrverkündigung. Grundmotiv des Zweiten Vatikanischen Konzils, Münster 2010, 213; 219; 222.

[107] Vgl. Kolfhaus, Pastorale Lehrverkündigung.

[108] Zit. nach http://stas.org/publications/announcements-archive/552-extract-from-sermon-of-bishop-fellay-on-february-2nd-2012.html.

[109] Zit. nach Jan Heiner Tück, Ein ‚reines Pastoralkonzil'? Zu Verbindlichkeit des Vatikanum II, in Communio 41 (2012), 454.

[110] Vgl. Kolfhaus, Pastorale Lehrverkündigung (kursive Hervorhebung: Ch. Bauer).

[111] Vgl. Bauer, Pastorale Lehrverkündigung.

entfaltet. Sein Rücktritt vom Amt des Papstes war ein pastoral motivierter Bruch mit der Tradition, für den Benedikt XVI. höchster Respekt gebührt. Denn hier wird die ganz eigene Würde der Gewissensentscheidung eines einzelnen Christen sichtbar, der sich aus pastoralen Gründen – in diesem Fall die Einsicht in die zunehmende eigene Unzulänglichkeit – dazu entschließt, mit einer scheinbar unantastbaren Tradition zu brechen. Hier spricht die Not eines konkreten Menschen. Und auf sie kann man aus dem Reich platonischer Ideen heraus kaum angemessen antworten. Deswegen kommt man auch hier, wie im Falle des Konzils, mit einer reinen Hermeneutik der Kontinuität nicht weiter. Die Diskontinuität dieses Rücktritts zur bisher vorherrschenden – nicht dogmatischen, wohl aber die Ausübung des Papstamtes wesenhaft prägenden – Tradition stellt eine Anerkennung des pastoralen Prinzips zumindest für die eigene Person dar. Und die ist in diesem Falle der Inhaber der höchsten dogmatischen Lehrgewalt.

Debatte vor der Bischofssynode

Im Pontifikat von Papst Franziskus, der aus einer anderen, von *Gaudium et spes* geprägten Pastoralkultur stammt, tun sich neue konzilstheologische Möglichkeitsräume auf. Für den argentinischen Jesuiten auf dem Stuhl Petri stellt das Zweite Vatikanum eine „neue Lektüre des Evangeliums im Licht der zeitgenössischen Kultur“[112] dar. Mit dieser gegenwartspastoral konstituierten Konzilsauslegung lässt der Papst beide Lichter leuchten: das „Licht des Evangeliums“ (GS 4; 46) und zugleich auch das „Licht der menschlichen Erfahrung“ (GS 46). Seine durch diese erfahrungsbasierte Hermeneutik der Reform angestoßene *conversión pastoral* geschieht auf dem Boden eines konzilsgemäß weiten Pastoralbegriffs, der auch die „soziale Dimension der Evangelisierung“[113] umfasst. Sie erfordert von allen Beteiligten eine „Weitung des Blickes und eine Öffnung des Herzens“[114], die dem „schlichten, nüchternen und einfachen Geist des Evangeliums“[115] entspricht. Eine alte Schwester von den Barmherzigen Schwestern in Innsbruck, die ihr Leben lang diakonisch tätig war, hat die konzilstheologischen Konsequenzen auf den Punkt gebracht: „Mit Papst Franziskus ist die Pastoral endlich auf

[112] Papst Franziskus im Gespräch mit Antonio Spadaro, zit nach http://www.stimmen-der-zeit.de/zeitschrift/online_exklusiv/details_html?k_beitrag=3906433 (Aufruf: 20. Oktober 2013).

[113] Papst Franziskus, Evangelii gaudium, Überschrift von Kapitel IV.

[114] Papst Franziskus, Brief an die neuernannten Kardinäle 2014, http://w2.vatican.va/content/francesco/de/letters/2014/documents/papa-francesco_20140112_nuovi-cardinali.html (Zugriff: 20. Mai 2015).

[115] Papst Franziskus, Brief an die neuernannten Kardinäle 2014.

Augenhöhe mit der Dogmatik." Diese Problemkonstellation prägt seit Monaten auf hintergründige Weise auch die innerkirchlichen Debatten im Vorfeld der Bischofssynode 2015. Bischof Franz-Josef Bode von Osnabrück, der Vorsitzender der Pastoralkommission der Deutschen Bischofskonferenz und einer ihrer drei Delegierten auf der Bischofssynode im Herbst ist, sagte am 24. Februar 2015 während einer Pressekonferenz nach der Frühjahrsvollversammlung der Deutschen Bischofskonferenz in Hildesheim:

> „Wir stehen im Konzilsjubiläum, fünfzig Jahre Pastoralkonstitution Gaudium et spes. Das war ja gerade das Neue am Konzil, dass es eine Pastoralkonstitution verfasst und damit nicht nur dogmatisch konstitutive Äußerungen gemacht hat, sondern auch konstitutive Äußerungen zur Pastoral. Und das muss in dieser Synode einen Durchbruch erfahren. Unser Papst denkt beides ineins."[116]

Nicht nur die Ehe und Familie gewidmeten Einzelnummern von *Gaudium et spes* sind daher für die bevorstehende Bischofssynode relevant, sondern auch die Pastoralkonstitution als Ganze. Der promovierte Dogmatiker Bode betont daher auch den lehrmäßigen Stellenwert von pastoralen Überlegungen:

> „Die Grundfrage der Synode, die sie nicht nur für Ehe und Familie, sondern in allen Bereichen so wichtig macht, ist, ob die Quelle der theologischen Erkenntnis nur die Offenbarung ist und das, was wir immer schon in der Tradition gesagt haben, oder auch die Realität von Menschen und der Welt. [...] Es geht letztlich in der Synode darum, wie die Wahrheit unserer Lehre und die Pastoral [...], die Beziehung zu den Menschen, [...] nicht in irgendeiner Weise auseinanderfallen. Darum, dass Pastoral und Dogmatik so eng verbunden sind, dass sie nicht in einen Gegensatz geraten, sondern sich immer wieder gegenseitig befruchten."[117]

Bischof Bode rekurriert explizit auf die Pastoralkonstitution:

> „Es steht in Gaudium et spes, und das müsste man viel mehr lesen, dass es nichts wahrhaft Menschliches gibt, was in den Herzen der Jünger nicht seinen Widerhall, seine Resonanz findet. Das heißt: Nicht nur unsere Bot-

[116] An Schriftsprache angeglichene Mitschrift von http://katholisch.de/video/15039-drei-bischofe-fur-die-synode (Zugriff: 20. Mai 2015).
[117] Vgl. http://katholisch.de/video/15039-drei-bischofe-fur-die-synode.

schaft muss Resonanz bei den Menschen finden, sondern die Menschen müssen auch Resonanz bei uns finden. Das ist eine dialogische Struktur."[118]

Für Bode steht daher folgende Frage im dogmatisch-theologischen Zentrum der synodalen Auseinandersetzung:

> „Ist die Realität, wie wir sie erleben – und ich meine nicht die Normativität des Faktischen –, eine [theologische] Quelle dafür, Wahrheit auch gemeinsam zu suchen? Das ist eine Grundfrage, die in dieser Synode gestellt ist, und deshalb halte ich diese Synode mit Blick auf die Geschichte der Kirche auch für historisch wichtig."[119]

Diese Äußerungen von Bischof Bode haben in Rom hochrangige Kritik erfahren – was angesichts der konzilstheologischen Diskursgeschichte der hier verhandelten Problematik nicht weiter verwundert. Kardinal Kurt Koch stellte wenig später in einem Interview mit der Zeitung *Die Tagespost* fest:

> „Die Art und Weise, wie die Menschen den Glauben leben, wahrzunehmen, ist natürlich hilfreich und wichtig, um zu erkennen, vor welchen Herausforderungen die Pastoral der Kirche steht. Aber sie kann nicht eine dritte Wirklichkeit der Offenbarung neben Schrift und Lehramt sein."[120]

Diese römische Kritik ist höchst aufschlussreich. Denn sie zielt, möglicherweise bewusst, an der Formulierung Bischof Bodes vorbei. Dieser hatte nämlich nicht von Schrift und Lehramt gesprochen, sondern von Schrift und Tradition. Und es ging ihm mit Blick auf die aktuellen Realitäten von Mensch und Welt keineswegs um eine „dritte Wirklichkeit der Offenbarung"[121], sondern vielmehr um eine „Quelle theologischer Erkenntnis"[122] – also, in der dogmatisch grundlegenden Terminologie der Loci-Lehre Melchior Canos gesprochen, nicht um einen konstitutiven Ort der Offenbarung („locus revelationem constituens"), sondern vielmehr um einen *locus theologicus*, der als solcher ein interpretativer Ort der Offenbarung („locus revelationem interpretans") ist. Und genau darum geht es ja auch in der

[118] Vgl. http://katholisch.de/video/15039-drei-bischofe-fur-die-synode.
[119] Vgl. http://katholisch.de/video/15039-drei-bischofe-fur-die-synode.
[120] Zit. nach Regina Einig, Die unmittelbare Einheit zwischen Lehre und Praxis neu suchen. Kurt Kardinal Koch über die „Ökumene der Märtyrer", die Lebenswirklichkeit als Quelle theologischer Wahrheitsfindung und die Reform des Petrusamtes, http://www.die-tagespost.de/kirche-aktuell/Die-unmittelbare-Einheit-zwischen-Lehre-und-Praxis-neu-suchen;art312,159339 (Zugriff: 20. Mai 2015).
[121] Zit. nach Einig, Die unmittelbare Einheit zwischen Lehre und Praxis neu suchen.
[122] Vgl. http://katholisch.de/video/15039-drei-bischofe-fur-die-synode.

bevorstehenden Synode: um die Frage, wie einschlägige Herrenworte im Gesamt des Evangeliums dogmatisch zu gewichten und pastoral zu interpretieren sind. Bei Bischof Bode geht um theologische Erkenntnislehre und nicht um Offenbarungstheologie. Konkrete Realitäten sind für ihn die Quelle einer pragmatizistischen Suche nach der Wahrheit und eben keine eigene Quelle der pragmatistischen Wahrheit selbst. Es gibt auch eine Reaktion von Kardinal Gerhard Ludwig Müller auf die Äußerungen von Bischof Bode. Ebenfalls in der *Tagespost* antwortete dieser auf die Frage der Zeitung, ob es angebracht sei, von *Gaudium et spes* aus „Linien zu ziehen, um die ‚Lebenswirklichkeit' als eigenständiges Kriterium in das katholische Offenbarungsverständnis einfließen zu lassen"[123]:

> „Die ‚Lebenswirklichkeit' […] ist ein soziologischer Begriff. Was immer man darunter genau versteht und wer immer sich zu ihrem Interpreten aufschwingt: Sie kann kein Urteilsmaßstab für die Offenbarung sein."[124]

Zum einen negiert diese Aussage die vom Konzil anerkannte grundsätzliche Autorität von *loci alieni*[125] wie der genannten Soziologie: „In der Pastoral sollen nicht nur die theologischen Prinzipien, sondern auch die Ergebnisse der profanen Wissenschaften, vor allem der Psychologie und der Soziologie, wirklich beachtet und angewendet werden […]." (GS 62). Zum anderen wäre hier näher zu bestimmen, was ein solcher „Urteilsmaßstab für die Offenbarung"[126] überhaupt ist. Auch hier hilft eine Unterscheidung Canos weiter. Meint der Begriff der ‚Lebenswirklichkeit' einen *locus revelationem constituens* im Sinne von Schrift und Tradition oder einen *locus revelationem interpretans* im Sinne von M.-Dominique Chenus „lieux théologiques en acte"[127]? Als ein solcher *locus theologicus in actu* verstanden, ließe sich die Lebenswirklichkeit menschlicher Erfahrungen nun aber auf dem dogmatischen Boden der Pastoralkonstitution als *ein möglicher* Urteilsmaßstab im notwendigen Plural verschiedener offenbarungstheologischer Bezeugungsinstanzen auffassen. Dabei geht es keineswegs darum, das Dogma an „ir-

[123] Frage der Journalistin Regina Einig, in Dies., Mehr Realismus und Gelassenheit. Die ‚Lebenswirklichkeit' kann kein Offenbarungsmaßstab sein – Interview mit dem Präfekten der Glaubenskongregation Kardinal Gerhard Müller, http://www.die-tagespost.de/kirche-aktuell/Mehr-Realismus-und-Gelassenheit;art312,159682 [Zugriff: 20. Mai 2015].

[124] Zit. nach Einig, Mehr Realismus und Gelassenheit.

[125] Hans-Joachim Sander, Das Außen der Glaubens – eine Autorität der Theologie. Das Differenzprinzip in den Loci theologici des Melchior Cano, in Ders. – Hildegund Keul, (Hg.): Das Volk Gottes – ein Ort der Befreiung, Würzburg 1998, 240–258.

[126] Zit. nach Einig, Mehr Realismus und Gelassenheit.

[127] Chenu, Une école de théologie, 142.

gendwelche Lebenswirklichkeiten“[128] anzupassen, wie Kardinal Müller in einem zweiten Interview mit der *Tagespost* unterstellt, sondern es vielmehr im Sinne des Evangeliums von signifikanten Orten der Pastoral her neu zu interpretieren – einmal ganz abgesehen davon, dass eine solche abschätzige, zeitdiagnostisch unglücksprophetische Ausdrucksweise nicht gerade von großem „Sinn für Differenzierung und Taktgefühl“[129] gegenüber den Freuden und Hoffnungen, Trauer und Ängsten zum Beispiel von geschiedenen und wiederverheirateten Menschen zeugt. Kardinal Müllers Kritik jedenfalls erinnert an den vorkonziliaren römischen Vorwurf an Chenu, er grenze sich nicht genügend von einem semi-modernistischen „Subjektivismus und Relativismus“[130] ab:

> „Wenn man diese so genannte Lebenswirklichkeit jetzt auf dieselbe Stufe stellen will wie Schrift und Tradition, dann ist das nichts anderes als die Einführung des Subjektivismus und der Beliebigkeit, die sich sentimental und selbstgefällig in fromme Worte hüllen.“[131]

Schon in seinem ersten Gespräch hatte Kardinal Müller sich gegen diese Position, die in beiden Interviews von Seiten der *Tagespost* mit einem namentlichen Hinweis auf Bischof Bode versehen wurde, gewandt:

> „Schrift und Tradition machen [...] unter der Leitung des Lehramtes das Wort Gottes im Glaubensbewusstsein der Kirche gegenwärtig. Sie bilden die normativen und konstitutiven Kriterien für die im Gang der Geschichte sich vertiefende Erkenntnis der geoffenbarten Wahrheit. [...] Wo rein menschliche Überlegungen oder die Macht des Faktischen gleichwertig neben Schrift und Tradition gestellt werden, ist der Boden katholischer Theologie verlassen.“[132]

Das ist richtig, denn die menschliche Lebenswirklichkeit als Ganze ist natürlich nicht *per se* ein konstitutiver Ort der Offenbarung wie Schrift und Tradition. Wohl aber ist sie eine offenbarungstheologische Bezeugungsin-

---

[128] Zit. nach Stefan Meetschen, Die Wahrheit lässt sich nicht organisieren. Ein Gespräch mit Kardinal Gerhard Müller, Präfekt der Kongregation für die Glaubenslehre, über die Ehe- und Familiendebatte in der Kirche, http://www.die-tagespost.de/kirche-aktuell/Die-Wahrheit-laesst-sich-nicht-organisieren;art312,161198 (Zugriff: 10. Juni 2015).

[129] Papst Johannes XXIII, Gaudet mater ecclesia, Nr. 4.

[130] Garrigou-Lagrange, Pièces relatives à la condamnation du Père Chenu, 1. Siehe auch die entsprechenden Vorwürfe in Pietro Parente, Nuove tendenze teologiche, in Osservatore Romano (9./10. Februar 1942), 1.

[131] Zit. nach Meetschen, Die Wahrheit lässt sich nicht organisieren.

[132] Zit. nach Einig, Mehr Realismus und Gelassenheit.

stanz, die im Sinne des Zweiten Vatikanums durchaus ‚gleichwertig' neben anderen Autoritäten der Offenbarungs*interpretation* wie Konzilien, Päpsten, Scholastik (= *loci proprii*) oder der menschlichen Vernunft, der Philosophie oder der Geschichte (= *loci alieni*) stehen kann – und zwar dem Konzil zufolge in einem pastoral heilsfinalisierten konstitutiven Plural, der den dogmatischen Rahmen dieses Zueinanders von Schrift, Tradition und Situation bildet:

> „Die [...] Heilige Überlieferung, die Heilige Schrift und das Lehramt der Kirche [...] sind so miteinander verknüpft und einander zugesellt, daß keines ohne die anderen besteht und dass alle zusammen [...] dem Heil der Seelen dienen."[133]

Konziliare Offenbarungslehre

Die einschlägigen Lehren des Zweiten Vatikanums ermöglichen es, auch über diese offenbarungstheologische Position noch einmal hinauszugehen. Die menschliche Erfahrung ist nämlich nicht nur ein *locus revelationen interpretans*, sondern in gewisser Weise auch selbst ein *locus revelationen constituens*. Denn jede übernatürliche Offenbarung Gottes geschieht auf dem Boden der von ihm geschaffenen Natur: „Gott hat zum Menschen durch die Schrift nach Menschart gesprochen." (DV 12). Der menschliche „Hörer des Wortes"[134] ist ein konstitutives Moment im Offenbarungsgeschehen. Und mit dem dominikanischen Konzilstheologen Edward Schillebeeckx lässt sich sogar sagen: „Menschen sind die Worte, mit denen Gott seine Geschichten erzählt."[135] In seiner Pastoralkonstitution anerkennt das Konzil mit Blick auf „das, was in der Kondition des Menschen diese Welt übersteigt" (GS 76) die prinzipielle „Transzendenz der menschlichen Person" (GS 76) aufgrund des „göttlichen Samens" (GS 3), der in ihn eingesenkt sei: „Immer wird der Mensch wenigstens ahnungsweise das Verlangen in sich tragen, zu wissen, was die Bedeutung seines Lebens, seines Schaffens

[133] DV 10. Michel de Certeau kommentiert: „Eine Autorität [...] zeigt sich darin, dass sie *nicht ohne* andere sein kann [...]. Es gibt die Schrift, aber auch die patristische Tradition. Den Papst, aber auch das Konzil. Und so weiter. [...] Christliche Autorität schafft einen Raum [...]. Sie macht Differenzen möglich. [...] Die kommunitäre Manifestation des Unendlichen [...] ist durch eine Pluralität von Autoritäten repräsentiert, die [...] denjenigen stets neu aussagen, der sie ermöglicht hat: Jesus Christus." (Michel de Certeau, La faiblesse de croire, Paris 1987, 122 f.; 128; 215).

[134] Karl Rahner, Hörer des Wortes. Zur Grundlegung einer Religionsphilosophie, München 1941.

[135] Edward Schillebeeckx, Menschen. Die Geschichte von Gott, Freiburg/Br. 1990, 7.

und seines Todes ist." (GS 41). In der Spur dieser Rahnerschen Transzendentalanthropologie ist die reziproke Verschränkung von Dogma und Pastoral, von dogmatischem Wort und pastoraler Tat, von wortmächtigem Dogma und tatkräftiger Pastoral, nicht nur in *Gaudium et spes* lehramtlich grundgelegt, sondern auch in der dogmatischen Konstitution *Dei verbum*. Dort ist von einer Offenbarung in „Wort und Tat" (DV 2) die Rede:

> „Das Offenbarungsgeschehen ereignet sich in Taten und Worten, die innerlich so miteinander verknüpft sind, dass die Werke, die Gott im Verlauf der Heilsgeschichte vollbrachte, die Lehre [...] offenbaren und bekräftigen und dass die Worte [...] diese Werke verkündigen und das in ihnen enthaltene Geheimnis ans Licht bringen." (DV 2).

Der befreiungstheologisch inspirierte Rahnerschüler Elmar Klinger kommentiert:

> „Die Offenbarung [...] besteht aus Worten und Taten. Sie umfasst Dogmatik und Pastoral. Die Pastoral ist ein Grundprinzip von Aussagen über die Wahrheit des Glaubens: er selber wird für Menschen [...] zu einer Offenbarung."[136]

Offenbarung wurzelt in der pastoralen Heilstat Gottes selbst: „Das pastorale Prinzip ist keine beliebige Erfindung von Kirche und Theologie, sondern Offenbarung selbst – Tatoffenbarung."[137] Dogma und Pastoral sind in der Offenbarung „innerlich verbunden"[138], und die Bestimmung ihres integralen Verhältnisses spielt eine „Schlüsselrolle bei der Interpretation der Offenbarungskonstitution"[139]:

> „Das Konzil entdeckt den Zusammenhang von Leben und Lehre, weil es sich am Zusammenhang von Wort und Tat in der Offenbarung orientiert [...]."[140]

[136] Elmar Klinger, Vorwort, in: Hanjo Sauer, Erfahrung und Glaube. Die Begründung des pastoralen Prinzips durch die Offenbarungskonstitution des II. Vatikanischen Konzils, Frankfurt/M. 1993, V.

[137] Elmar Klinger, Kirche und Offenbarung. Eine neue Systematik in der Theologie, in: Münchner Theologische Zeitschrift (2003), 136.

[138] Hanjo Sauer, Erfahrung und Glaube. Die Begründung des pastoralen Prinzips durch die Offenbarungskonstitution des II. Vatikanischen Konzils, Frankfurt/M. 1993, 72.

[139] Sauer, Erfahrung und Glaube, 378.

[140] Sauer, Erfahrung und Glaube, 482.

Bei dieser konstitutiven Pastoralität geht es nicht um eine „dritte Wirklichkeit der Offenbarung“[141] *neben* Schrift und Tradition, sondern vielmehr um einen wesenhaft zugehörigen Grundzug *von* Schrift und Tradition. In beiden kommt es zu einem offenbarungstheologisch konstitutiven Aufeinanderbezogensein von Dogma und Pastoral, in welchem das Evangelium einerseits immer neu inkulturiert und die jeweilige Kultur andererseits immer neu evangelisiert wird. Unterhalb eines solchen Komplexitätsniveaus ist christliche Offenbarungstheologie nicht zu haben. Gregor M. Hoff schließt sich dieser von Elmar Klinger und seinem Schüler Hanjo Sauer vertretenen Interpretation einer „systematischen Verbindung von Dogmatik und Pastoral“[142] in der Offenbarungskonstitution an. Mit Blick auf *Gaudium et spes*, wo von offenbarenden „Zeichen der Präsenz Gottes“ (GS 11) die Rede ist, die in den menschlichen „Ereignissen, Bedürfnissen und Wünschen“ (GS 11) zu suchen und zu finden sind, geht er sogar noch einen Schritt weiter:

> „Das hängt […] mit der Grundausrichtung des Konzils zusammen: mit seiner pastoralen Blickführung […]. Der Blick auf die Welt führt zu einer veränderten Selbstauffassung, wobei Dei verbum die kirchliche Innenperspektive […] so umstellt, dass sich eine offenbarungstheologische Lizenz für eine neue Bestimmung des kirchlichen Außen ergibt. […] Die Welt […] schreibt eigene Offenbarungsgeschichten […]. […] Von daher muss Gaudium et spes als ein offenbarungstheologisches Dokument gelesen werden.“[143]

Analog zu den beiden Kirchenkonstitutionen des Zweiten Vatikanums – seiner dogmatischen ersten, *Lumen gentium*, und seiner pastoralen zweiten, *Gaudium et spes* – kann man daher auch mit guten Gründen von den zwei ‚Offenbarungskonstitutionen‘[144] des Konzils sprechen: von seiner dogmatischen ersten, *Dei verbum*, und von seiner pastoralen zweiten, *Gaudium et spes*. Dort heißt es dann zum Beispiel, und die Relevanz für die Debatten im Vorfeld der bevorstehenden Bischofssynode liegt auf der Hand:

> „Die Kirche, die die Hinterlassenschaft des Wortes Gottes hütet, aus dem die Prinzipien der religiösen und moralischen Ordnung gewonnen werden, hat

[141] Zit. nach Einig, Die unmittelbare Einheit zwischen Lehre und Praxis neu suchen.

[142] Gregor M. Hoff, Offenbarungen Gottes? Eine theologische Problemgeschichte, Regensburg 2007, 190 f.

[143] Hoff, Offenbarungen Gottes, 191 f, 250 f.

[144] Vgl. Christian Bauer, Zeichen der Präsenz Gottes? *Gaudium et spes* als zweite Offenbarungskonstitution des Konzils, in: Zeitschrift für Katholische Theologie (2014), 64–79.

> nicht auf alle einzelnen Fragen eine fertige Antwort parat. Daher wünscht sie, das Licht der Offenbarung mit dem Erfahrungswissen aller zu verbinden [lumen revelationis cum omnium peritia coniungere cupit], damit der Weg erhellt werde, den die Menschheit neuerdings eingeschlagen hat." (GS 33).

Um die nächsten Schritte auf diesem Weg anzugehen, braucht es also einerseits das „Licht der Offenbarung" (GS 33) und andererseits das „Licht der Erfahrung" (GS 46) im alltäglichen Lebenswissen möglichst vieler Menschen. Nur in ihrem unmittelbaren Zusammenspiel ereignet sich Pastoral. Und nur darin erschließt sich auch das Dogma. Denn generell steht die übernatürliche Offenbarung Gottes dem Konzil zufolge ja mit der menschlichen „Erfahrung in Einklang" (GS 13) – wobei jeweils im konkreten Einzelfall genau zu unterscheiden ist, ob die jeweilige Erfahrung den universalen Heilswillen Gottes eher „offenkundig macht" (GS 21) oder „eher verhüllt als offenbart" (GS 19). Menschliche Erfahrungen sind im heilsökonomischen Offenbarungsprozess generell eine autoritative Bezeugungsinstanz, die konzilstheologisch auf beides hindeuten können: auf eine heilvolle Offenbarung Gottes ebenso wie auf seine heillose Nicht-Offenbarung – bis hin zum furchtbaren „Anti-Sinai"[145] der Shoa im 20. Jahrhundert. In diesem komplexen Zusammenhang von Offenbarung und Verhüllung spiegeln sich nicht nur Licht und Schatten der menschlichen Erfahrung: „Freude und Hoffnung, Trauer und Angst" (GS 1). Hier kommt vielmehr auch eine dogmatisch grundlegende Lehrkategorie des Zweiten Vatikanums ins Spiel, deren prinzipielle Ambivalenz das Buch *Signale der neuen Zeit* (1942) von Joseph Goebbels belegt: jene berühmten „Zeichen der Zeit" (GS 4)[146], die auf signifikante Chancen und Herausforderungen von gegenwärtigen Lebenswirklichkeiten hinweisen. Dabei kann es sich einerseits um „erfreuliche Zeichen" (DH 15) handeln, die man mit „frohem Herzen begrüßt" (DH 15), aber auch andererseits um „beklagenswerte Tatsachen" (DH 15), die man „schweren Herzens" (DH 15) wahrnimmt. An den einen gilt es pastoral anzuknüpfen, den anderen gilt es zu widerstehen. Hier greift dann auch die entsprechende Kritik von Kardinal Koch:

> „Denken wir an die ‚Deutschen Christen' während der nationalsozialistischen Zeit, die neben der Schrift auch die Nation und die Rasse zu Offenbarungsquellen erhoben haben [...]. Da müssen wir sehr genau unterscheiden und sensibel auf die Zeichen der Zeit hören – und auf den Geist, der

[145] Jan Heiner Tück, Gelobt seist du Niemand. Paul Celans Dichtung – eine theologische Provokation, Frankfurt/M. 2000, 94.

[146] Vgl. Christian Bauer, Zeichen der Zeit? Ortsbestimmungen des Zweiten Vatikanums, in: Lebendige Seelsorge 63 (2012/3), 203–209.

sich uns in diesen Zeichen offenbart: Was sind Zeichen des Evangeliums? Was nicht?"[147]

Für eine konzilsgemäße, gegenwartssensible Pastoral der Kirche ist eine solche kritische Unterscheidung der jeweiligen Zeitsignatur unabdingbar: Welche Zeichen der Zeit erfordern welche situativ[148] verorteten Optionen der Pastoral? Dabei muss es immer auch um jenen abgründigen menschlichen Erfahrungsbereich gehen, auf den sich auch Kardinal Müller in seinem Interview bezieht:

> „Die grausame Lebenswirklichkeit eines entwürdigten Menschen und die frivole Lebenswirklichkeit eines Ausbeuters, Drogenhändlers oder Kriegsgewinnlers kann man nicht als unabänderliches Faktum ansehen, an das sich die moralischen Grundsätze anzupassen haben."[149]

Die meisten Existenzformen im aufrichtig ringenden, überraschend gut gelingenden *doing family* heutiger Zeitgenossinnen und Zeitgenossen[150] gehören sicherlich nicht in den Bereich dieser problematischen Lebenswirklichkeiten – sondern eher in den Bereich jener irdischen Versuche von Menschen, ihr „eigenes Leben menschlicher zu gestalten" (GS 38), wodurch sie zugleich auch dem „himmlischen Reich den Stoff bereiten" (GS 38). Konzilstheologisch bleibt die Erkenntnis: Nicht der offenbarungstheologi-

[147] Zit. nach Einig, Die unmittelbare Einheit zwischen Lehre und Praxis neu suchen.

[148] Auch in diesem offenbarungstheologischen Zusammenhang gilt es, die Weisung des Konzils ernstzunehmen, sich in umfassender Weise auf die jüdische „Wurzel" (NA 4) des Christentums zurückzubesinnen. Im Zentrum des jüdischen Offenbarungsverständnisses stehen die biblischen Gesetzesbücher als offenbarungstheologische Mitte der Tora, die den Willen Gottes situatonsbezogen manifestiert – und damit auch die Frage nach dem Heilswillen Gottes in ganz konkreten Lebensfragen (z. B. von Ehe und Familie). Neben der Tora gibt es in diesem jüdischen Offenbarungsverständnis noch eine zweite grundlegende Instanz: die situative Entscheidung der Halacha vor Ort. Dabei kann der ganze ‚pastorale' Spielraum genutzt werden, den die synchron wie diachron *plurale* Grundstruktur der Tora und ihrer Auslegung in der halachischen Tradition eröffnen. Tora und Halacha bilden in diesem komplexen Zueinander eine offenbarungstheologische Einheit. Mit Blick auf die bevorstehende Bischofssynode mit ihren anstehenden ‚halachischen' Entscheidungen lässt sich sagen: Tora und Halacha verhalten sich im Judentum so zueinander wie Dogma und Pastoral im Christentum. Von dieser jüdisch-christlichen Analogie her lässt sich das Eigene tiefer erfassten: So wie jüdischerseits Tora und Situation in der Halacha auf konstitutive Weise miteinander verbunden sind, so sind es christlicherseits Dogma und Situation in der Pastoral grundlegend aufeinander bezogen (vgl.: Christian Bauer, Offenbarung im Alltag? Pastoraltheologie im Horizont der jüdischen Halacha, in: Reinhold Boschki – Josef Wohlmuth (Hg.), Nostra aetate 4. Wendepunkt im Verhältnis von Kirche und Judentum – bleibende Herausforderung für die Theologie, Paderborn 2015, 13–21).

[149] Zit. nach Einig, Mehr Realismus und Gelassenheit.

[150] Vgl. den Beitrag von Michael Schüßler in diesem Band.

sche Erfahrungsbezug an sich ist das Problem, sondern vielmehr die Frage, welcher konkrete Erfahrungsbezug hier angemessen ist und welcher nicht. Das heißt nun aber auch, dass nicht jedem Zeichen einer bestimmten Zeit *per se* eine direkte Offenbarungsqualität zukommt. Es gilt vielmehr, die jeweiligen „Zeichen der Zeit zu unterscheiden und im Licht des Evangeliums zu deuten" (GS 4) und so in einem geistlichen Unterscheidungsprozess mögliche „faits révélateurs"[151] herauszufiltern, die als offenbarungsträchtige Tatbestände historisch konkrete Situationen der Lebenswirklichkeit in ihrer dogmatischen und pastoralen Signifikanz erschließen. Eine offenbarungstheologisch wichtige Differenz markiert in diesem heilsökonomischen Zusammenhang Chenu: „Gnade bleibt Gnade, und die profane Geschichte ist keine Quelle des Heils"[152]. Die übernatürliche Gnade Gottes umfasst, durchdringt und verwandelt die Natur des „in sich selbst zwiespältigen Menschen" (GS 13), der die befreiende Gnade Gottes „nicht zwar als Widernatur, wohl aber als Übernatur"[153] annehmen kann. Die Geschichte ist daher zwar keine eigene übernatürliche „Quelle des Heils"[154] – wohl aber dessen ‚natürlicher' Erfahrungsort im Kontext menschlicher Lebenswirklichkeiten:

> „Es geht […] um eine Theologie der Inkarnation und der daraus folgenden Aufnahme der irdischen Wirklichkeiten in den Himmel. […] Statt zu versuchen, eine allgemeine Lehre auf besondere Fälle anzuwenden, sollte man seine Aufmerksamkeit einer Lektüre der Geschichte als solcher widmen. Und zwar um den in bestimmten historischen Ereignissen liegenden Symbolwert zu erkennen, insofern diese Konvergenzpunkte gemeinsamer Hoffnungen darstellen."[155]

Tradition und Kreativität

Gilbert K. Chesterton hat die Tradition einmal als „Demokratie für die Toten"[156] bezeichnet. Im Sinne einer ‚Demokratie für die Kommenden' wäre diesem retrospektiven Begriff aus der Sicht des Dargestellten prospektiv

[151] M.-Dominique Chenu, zit. nach Marianne Heimbach-Steins, „Erschütterung durch das Ereignis" (M.-D. Chenu). Die Entdeckung der Geschichte als Ort des Glaubens und der Theologie, in G. Fuchs – A. Lienkamp (Hg.), Visionen des Konzils, Münster 1997, 115.
[152] Chenu, Une constitution pastorale de l'Église, 26.
[153] Karl Rahner, Hörer des Wortes. Zur Grundlegung einer Religionsphilosophie, München 1941, 224 f.
[154] Chenu, Une constitution pastorale de l'Église, 26.
[155] M.-Dominique Chenu, La 'doctrine sociale' de l'Église comme idéologie, Paris 1979, 93/96.
[156] Chesterton, Das Abenteuer des Glaubens, 78 f.

noch jener der Kreativität hinzuzufügen. Denn es gibt ja nicht nur eine notwendige Treue zur Vergangenheit, sondern auch eine notwendige „Treue zur Zukunft"[157]. Die Tradition von heute war nämlich die Kreativität von gestern und die Kreativität von heute wird die Tradition von morgen sein. Beidem entspricht die dogmatische Grundbewegung des Konzils, neue pastorale Erfahrungen des Volkes Gottes anschlussfähig zu machen an die Tradition der Kirche. *Ressourcement* und *aggiornamento* gehören dabei zusammen. Daher gilt es nicht nur, das Alte neu, sondern vielmehr auch das Neue alt zu sagen[158] – in einer pastoralen Sprache also, welche die Erfahrung kirchlicher Tradition in die Gegenwart einer neuen Zeit hinein fortschreibt. Das Konzil hat dafür „einige grundlegende Leitsätze"[159] aufgestellt, durch die einerseits die „schon durch Jahrhunderte praktisch bewährten Gesetze"[160] bestätigt und andererseits „Neuerungen in sie eingeführt werden"[161]. Die gesamtpastoral wichtigste Passage einer entsprechenden jesusbewegten Ekklesiologie in der Grunddifferenz von Tradition und Kreativität des Volkes Gottes findet sich im Ordensdekret des Zweiten Vatikanums:

> „Zeitgemäße Erneuerung des Ordenslebens heißt: ständige Rückkehr zu den Quellen allen christlichen Lebens und zum Ursprungsgeist der einzelnen Institute, zugleich aber auch deren Anpassung an die veränderten Zeitverhältnisse. [...] Die letzte Norm des Ordenslebens ist die Nachfolge Christi, wie sie im Evangelium dargelegt ist [...]." (PC 2).

Chenu kommentiert dieses Doppelprinzip christlicher Nachfolge:

> „Je mehr ich in meiner Zeit präsent bin [Stichwort: aggiornamento], desto mehr bin ich auf die Ursprünge zurückverwiesen [Stichwort: ressourcement]. Und je mehr ich mich meinen Ursprüngen zuwende, umso mehr bin ich in meiner Zeit präsent. [...] Ich liebe diesen Text sehr. Er gewinnt sogar noch an Wahrheit, wenn man ihn auf die ganze Kirche anwendet."[162]

In seinem kürzlich erschienenen Buch *Existenzweisen* bestimmt der französische Soziologe Bruno Latour[163] jegliche religiöse Organisation aus dieser Differenz von Tradition und Kreativität heraus. Jede als „notwendig er-

---

[157] Frère Émile, Treue zur Zukunft. Lernen von Yves Congar, Freiburg/Br. 2014.
[158] Diese Einsicht verdankt sich dem Gespräch mit Michael Schüßler.
[159] OT, Prooemium.
[160] OT, Prooemium.
[161] OT, Prooemium.
[162] Chenu, Un théologien en liberté, 63.
[163] Vgl. Bruno Latour, Jubilieren. Über religiöse Rede, Berlin 2011.

achtete Neuerung“[164] der Kirche stehe vor der Frage, ob sie eine den eigenen Ursprüngen „treue Inspiration“[165] sei oder aber ein „pietätsloser Verrat“[166] an der Tradition:

> „Keine andere Institution hat mehr Energie (Predigten, Konzile, Tribunale, Polemiken, Heiligkeit, ja sogar Verbrechen) investiert in dieses besessene Aufspüren der [...] Unterschiede zwischen der Treue zur Vergangenheit [...] und der zwingenden Notwendigkeit, sich ständig zu erneuern [...]. [...] [Denn] [...] von den Predigten eines gewissen Jeshua aus Palästina [...] über die Reformation bis zu den letzten päpstlichen Enzykliken handeln alle Äußerungen, Rituale, theologischen Arbeiten sehr explizit von diesem Prüfstein, der es erlauben soll, zwischen Treue und Treulosigkeit, Tradition und Verrat, Fortsetzung und Schisma zu unterscheiden.“[167]

Eine entsprechend ‚ursprungstreue' Kreativität hat im kirchlich verfassten Christentum durchaus Tradition:

> „Ob es sich um die ‚Erfindung' des Christentums durch Paulus, um die Erneuerung der Mönchsbewegung durch Franz von Assisi oder um die Reformation durch Luther [...] handelt, jedes Mal wird das Verhältnis zwischen einer [...] veralteten Institution und ihrer notwendigen Erneuerung in Szene gesetzt, die es jener Institution erlaubt, durch riesige Transformationen hindurch im Grunde treu zu bleiben. Und jedes Mal muss [...] von neuem damit angefangen werden, alles wiederaufzunehmen und zu sichten, was man erneuert hatte. Manchmal [...] muss alles reformiert werden, damit man nicht durch übermäßige Treue Verrat begeht; manchmal sind es die Reformen, die als ebenso gefährliche Neuerungen, das heißt als Verrat, erscheinen.“[168]

Je nach pastoraler Gesamtsituation versuchte man in der Christentumsgeschichte dabei immer wieder, entweder das bewahrende Element der Tradition oder aber das erneuernde Element der Kreativität stark zu machen:

> „Es gibt keinen einzigen Akteur, der nicht im Laufe dieser zwei Jahrtausende am einen oder anderen dieser Urteile mitgewirkt hätte – vom Beichtgeheimnis bis zum großen Schauplatz der Konzilen, nicht zu vergessen die

[164] Bruno Latour, Existenzweisen. Eine Anthropologie der Modernen, Berlin 2014, 85.
[165] Latour, Existenzweisen, 85.
[166] Latour, Existenzweisen, 85.
[167] Latour, Existenzweisen, 85 f.
[168] Latour, Existenzweisen, 87 f.

> Tribunale und Massaker. […] [Jedesmal ging es dabei um eine] […] Abfolge von Treuebrüchen, Erfindungen, Reformen, Wiederaufnahmen, Ausarbeitungen, die alle auf die Hauptfrage zulaufen und danach beurteilt werden, ob man einer ursprünglichen Botschaft treu geblieben ist oder nicht."[169]

Auch der jesuitische Mystikgeschichtler Michel de Certeau[170], dessen Werke gerade vom kulturwissenschaftlichen Geheimtipp zur theologischen Pflichtlektüre avancieren, hat sich damit auseinandergesetzt. Pastoral denkt er in der permanenten Differenz von „Einrichtung"[171] einer Institution und ihrer „Überschreitung"[172]:

> „Es braucht einen Ort, damit es einen Aufbruch geben kann, und jeder Aufbruch ist unmöglich, wenn er keinen Ort hat, von dem er ausgeht: diese zwei Elemente – der Ort und der Aufbruch – sind miteinander verbunden […]. Es ist eine Tat an der Grenze, die von einem Ort an einen anderen führt: die Praxis selbst."[173]

Diese Praxis ist für Certeau nicht möglich ohne ihre aktive Rückbindung an die jesuanischen Ursprünge des Christentums:

> „Das Christentum impliziert […] eine Beziehung zu jenem Ereignis, das es begründet hat: Jesus Christus. Er steht für eine Serie von […] sozialen Figuren, die alle unter dem doppelten Zeichen von Treue und Differenz in Bezug auf dieses Gründungsereignis stehen. […] Das Ereignis […] bleibt als Gegenstand nicht zu fassen – und zwar genau deshalb, weil es all diese Interpretationen zulässt. […] Der Begriff des ‚Zulassens' […] weist auf jene Beziehung hin, welche die sukzessiven und differenten Formen des Christentums an ein Gründungsereignis zurückbindet."[174]

Nachfolge Jesu ist dabei mehr als nur eine Kopie des Anfangs, sie ist eine Ermöglichung von christlicher Kreativität:

[169] Latour, Existenzweisen, 88.

[170] Certeau ist ein erklärter Lieblingsautor von Papst Franziskus (vgl. Papst Franziskus im Gespräch mit Antonio Spadaro, zit nach http://www.stimmen-der-zeit.de/zeitschrift/online_exklusiv/details_html?k_beitrag=3906433 [Zugriff: 20. Oktober 2013]. Siehe auch den Beitrag von Michael Schüßler in diesem Band.

[171] Certeau, La faiblesse de croire, 289.

[172] Certeau, La faiblesse de croire, 289.

[173] Certeau, La faiblesse de croire, 219.

[174] Certeau, La faiblesse de croire, 209–211.

> „Welcher Art auch immer [...] die Lektüren der ‚Ursprünge' sein mögen, sie wiederholen das Evangelium doch niemals – und doch sind sie nicht möglich ohne es. [...] Die Wahrheit des Anfangs enthüllt sich nur im Raum jener Möglichkeiten, die sie eröffnet. [...] Sie verliert sich [...] in dem, was sie autorisiert. Endlos stirbt sie [...] in die Erfindungen hinein, die sie anregt. [...] Das Ereignis [...] ist nur in Form dieses Beziehungsgefüges aussagbar [...], das sich durch das offene Geflecht von Ausdrucksweisen ergibt, die ohne es nicht möglich wären."[175]

Michel de Certeau zufolge ‚fehlt'[176] Jesus als entzogener Ursprung dem Christentum. Dieses Manko ist für ihn eine „Erlaubnis"[177], die eine unendliche Serie von pluralen Wegen der ‚Nachfolge'[178] in seinem Geist gestattet – in der Spur Jesu wird somit nachfolgend Neues möglich. Zugleich aber gibt es auch keine Nachfolge *ohne Jesus:* Keine tradierte Form der Nachfolge ohne Absenz des Ursprungs und keine Präsenz des Ursprungs ohne kreative Formen der Nachfolge. Nachfolge ist nur von jenem Ursprung und Ursprung nur von jener Nachfolge her zu verstehen. Ursprungstreue und Spursicherheit christlicher Nachfolge werden dabei vor allem durch einen gemeinsamen „Stil"[179] des schöpferischen Rückbezugs auf Schrift und kirchlicher Überlieferung garantiert. Tradition und Kreativität, Kontinuitäten und Diskontinuitäten stehen dabei in dem Wechselprozess einer permanenten Reform, in der es stets aufs Neue darum geht, die dogmatische Form des Ursprungs in den pastoralen Gestalten der Gegenwart zu erneuern.

Jesus treu zu sein, heißt in diesem Zusammenhang mit Blick auf die anstehende Bischofssynode, in seiner Nachfolge pastoral neue Wege zu gehen, wo immer es nötig ist – evangeliumsgemäße Wege der Barmherzigkeit, die kirchlich tradierte Umgangsformen ernstnehmen und zugleich kreativ überschreiten: „Der Sabbat ist für den Menschen da, nicht der Mensch für den Sabbat." (Mk 2,27). Dabei geht es, so Bischof Franz-Josef Bode, dann nicht zuletzt auch um eine pastorale ‚Resonanz' von menschlichen Miseren – vor allem der Armen und Bedrängten aller Art – in den Herzen der Jüngerinnen und Jünger Christi, die mitten hinein in den päpstlichen Programmbegriff der Barmherzigkeit führt: „Alle, Glaubende und Fernstehende,", so Papst Franziskus in seiner Bulle zur Einberufung des

[175] Certeau, La faiblesse de croire, 211 ff.
[176] Certeau, La faiblesse de croire, 112 f sowie ebd., 215 f.
[177] Certeau, La faiblesse de croire, 209 f sowie ebd., 112 f.
[178] Certeau, La faiblesse de croire, 288.
[179] Certeau, La faiblesse de croire, 284 (siehe auch Christoph Theobald, Le christianisme comme style. Une manière de faire de la théologie en postmodernité, Paris 2007).

Heiligen Jahres der Barmherzigkeit, „mögen das Salböl der Barmherzigkeit erfahren, als Zeichen des Reiches Gottes, das schon unter uns gegenwärtig ist.“[180] Im Rahmen einer entsprechenden Ekklesiologie der Jüngerschaft geht es dabei um eine situativ verortete Pastoral, die in der Spur christlicher Nachfolge Jesu ein Herz für Menschen in der Misere („miseri-cordia“) zeigt. *Socii* und *sociae Jesu* sind ja nicht nur die Jesuiten, sondern letztlich alle Glieder des Volkes Gottes: „Wie Christus zum Zeichen der anbrechenden Gottesherrschaft Krankheiten und Gebrechen heilte und durch die Städte und Dörfer zog, so verbündet sich auch die Kirche [...] mit Menschen jeden Standes, besonders aber mit den Armen und Bedrängten [...]. Sie nimmt an ihren Freuden und Schmerzen teil, sie weiß um die Sehnsüchte und die Rätsel des Lebens, sie leidet mit in den Ängsten des Todes.“ (AG 12). Den damit verbundenen Realismus eines „Lehramtes von pastoralem Charakter“[181] gilt es, im Kontext der Bischofssynode 2015 mit konzilstheologischen Argumenten zu stützen. Denn es steht einiges auf dem Spiel.

[180] Franziskus, Misericordiae vultus, 5.

[181] Johannes XXIII, Gaudet mater ecclesia, Nr. 6.

Die Vielfalt der Familien und das Sakrament der Taufe

Ansätze zu einem neuen theologischen Verständnis der Familien

Stephanie Klein, Luzern

Papst Franziskus hat mit den großen Generalversammlungen der Bischöfe in den Jahren 2014 und 2015 in Rom die Familie zum Gegenstand eines umfassenden kirchlichen Denkprozesses der Bischöfe und aller Gläubigen gemacht. Die kirchlichen Dokumente wie auch die breiten Diskussionen im Umfeld der Bischofssynoden wenden sich allerdings sehr rasch dem Thema Ehe zu. Die gelebte Vielfalt der Familien wird in den kirchlichen Dokumenten weithin kritisch beurteilt und als Herausforderung für die kirchliche Pastoral, nicht aber für die Weiterentwicklung der lehramtlichen Reflexion betrachtet.[1] Der Grund dafür liegt darin, dass die Familie theologisch von der sakramentalen Ehe abgeleitet wird, die idealiter zwischen zwei katholischen Partnern geschlossen wird. Die vielfältigen Familienverhältnisse, die nicht einer solchen sakramentalen Ehe entspringen, erscheinen dann aus normativer Sicht als eine Deformation oder zumindest als ein Problem. Die Kluft zwischen dem faktischen Leben der Gläubigen und den lehramtlichen Normierungen wird dadurch immer tiefer, und dieser Prozess vollzieht sich unumkehrbar und mit rascher Beschleunigung. In der globalisierten Gesellschaft durchmischen sich die Familienverbände multikonfessionell und multireligiös, sie sind durch Arbeits- und Flucht-Migration massiv belastet, und sie stehen durch die wachsende Ökonomisierung des gesamten Lebens sowohl wirtschaftlich als auch ideell in Bezug auf ihre unökonomischen Beziehungsmuster und Werte unter Druck.

Solange das Verständnis der Familien theologisch ausschließlich aus der sakramentalen Ehe abgeleitet wird, lassen sich die rasanten Transformationen der Familien nur als Verfallserscheinungen wahrnehmen. Die Gläubigen in ihren vielfältigen realen Familien- und Lebensverhältnissen und ihren Bemühungen, diese im Glauben zu verstehen und zu gestalten, fühlen sich vom kirchlichen Lehramt oftmals nicht angemessen wahrgenommen, beurteilt und unterstützt.[2]

---

[1] Vgl. dazu z. B. den ersten Teil der *Lineamenta:* XIV. Ordentliche Versammlung der Bischofssynode: Die Berufung und Sendung der Familie in Kirche und Welt von heute, Vatikanstadt 2014, 5–11.

[2] Dabei scheint es in vielen Lebenssituationen bei den Gläubigen selbst durchaus eine Gewissheit zu geben, wie sie im Glauben richtig handeln. Papst Franziskus hat diese Glaubensgewissheit der Getauften (*instinctus fidei*), die vom Heiligen Geist gegeben ist, in seinem

Die folgenden Ausführungen möchten den Blick auf eine theologische Argumentationsweise lenken, die helfen kann, die argumentativen Dilemmata und die Kluft zwischen lehramtlicher Normierung und gelebten Familienleben zu überwinden. Versteht man die Familien vom Sakrament der Taufe her, so die These, dann öffnen sich neue Wege, die Vielfalt der Familienformen nicht nur zu respektieren, sondern auch theologisch zu würdigen und in ihnen „Zeichen der Zeit" zu entdecken, die als Heilszeichen Gottes in der gegenwärtigen Welt gelesen werden können. Die Tatsache, dass das katholische Lehramt nie eine eigene Lehre von der Familie entwickelt hat, eröffnet solche neuen Möglichkeiten des Verstehens der Familien.

Die folgenden Überlegungen lege ich in Form von zwölf zusammenfassenden Thesen dar, die jeweils in einigen Sätzen ausgeführt werden. Damit folge ich einem vielfach geäußerten Wunsch an Theologinnen und Theologen, in der gegenwärtigen Diskussion zentrale Argumentationslinien kurz und prägnant herauszuarbeiten. Jede einzelne These gründet freilich in komplexen theologischen und sozialwissenschaftlichen Diskursen, die an dieser Stelle aber nicht weiter ausgeführt werden können.[3]

Ein unterschiedliches Verständnis von Familie

These 1: Ein unterschiedliches Verständnis von Familie in der Kirche, in der Gesellschaft und in den Familien selbst führt zu einer verzerrten Kommunikation.

Der Begriff der *Familie* wird in der katholischen Lehre anders verstanden als weithin in den Familien selbst, in der Öffentlichkeit, in der Gesellschaft, im Staat und im Recht. Dies hat hermeneutische Fehlschlüsse und eine systematische Fehlkommunikation zur Folge. Wenn die Familien sich als Subjekte kirchlichen Handelns verstehen sollen, und wenn die Kirche mit ihren Institutionen die Familien in ihren schwierigen Situationen in der pluralen Gesellschaft heute unterstützen will, muss sie die unterschiedlichen Verstehensweisen reflektieren und Wege suchen, wie sie sich theologisch auf das Verständnis der Familie in der Gesellschaft einlassen kann.

Apostolischen Schreiben *Evangelii gaudium*, 24. November 2013, 119–120 angesprochen und sieht darin ein zentrales Potential der Evangelisierung in der heutigen Welt.

[3] Zu weiteren Ausführungen vgl. Stephanie Klein, Ehe und Familie zwischen Idealisierung, Geringschätzung und Alltagswirklichkeit. Ansätze zu einem neuen theologischen Verständnis der Vielfalt der Lebensformen, in: INTAMS review 18 (2012), 134–146.

Familie aus der Sicht des kirchlichen Lehramts

These 2: Das kirchliche Lehramt leitet die Familie theologisch aus dem Sakrament der Ehe ab und begreift sie als eine Funktion und Aufgabe der Ehe. Die Folge ist eine defizitäre Sicht auf alle Familienverhältnisse, die nicht dieser Ableitung entsprechen, sowie eine reduzierte Wahrnehmung der Familie als einer blutsverwandten Kernfamilie von Eltern mit Kindern im eigenen Haushalt.

Das kirchliche Lehramt leitet die Familie theologisch aus dem Sakrament der Ehe ab. Die Familie wird als eine Dimension und Funktion der Ehe begriffen, deren Aufgabe in der Zeugung und Erziehung von Kindern besteht.[4] Diese normative Ableitung der Familie aus dem Eheverhältnis der Gatten hat weitreichende Folgen für das Verständnis und die Bewertung der Familie. Die Konsequenz wird in dem Apostolischen Schreiben *Familiaris consortio* deutlich, dass alle Familiensituationen, die nicht aus der sakramentalen Ehe zwischen zwei katholischen Partnern hervorgehen, als „schwierig" („momenta difficilia") oder „irregulär" („conditio abnorma") bewertet und zur Aufgabe einer besonderen Familienpastoral macht.[5] Die Kinder werden damit über die Eheform der Eltern definiert, und die Familienverhältnisse von sehr vielen Gläubigen werden als defizitär beurteilt. Indem die Ableitung der Familie aus der Ehe auch normativ an die Gesellschaft herangetragen wird, wird die in der Gesellschaft vorherrschende Familienrealität der Vielfalt von Familienformen als Verfallserscheinung wahrgenommen.

Diese Ableitung hat noch weitere problematische Implikationen. Sie reduziert das Verständnis von Familie auf die nukleare blutsverwandte Kernfamilie in der Familienphase (Eltern mit unmündigen Kindern im eigenen Haushalt). Das Familiensystem wird zu einer „sich selbst auflösenden Gruppe"[6], wenn die Erziehungsaufgabe erlischt und die nachfolgende Generation eine eigene Familie gründet.[7] Die vielfältigen Beziehungen im komplexen Verwandtschaftssystem zu Eltern, Großeltern, Tanten und Onkel, Cousinen und Vettern, zu den Stieffamilien, zu der leiblichen Ver-

---

[4] Vgl. Papst Johannes Paul II., Apostolisches Schreiben *Familiaris consortio*, 22. November 1981, 21; vgl. auch GS 47–52.

[5] Vgl. *Familiaris consortio*, a.a.O. (Fn. 4), 77–84.

[6] Franz-Xaver Kaufmann, Zukunft der Familie im vereinten Deutschland. Gesellschaftliche und politische Bedingungen, München 1995, 25, i. Orig. hervorg.

[7] Die Familienphase von Eltern mit Kindern im eigenen Haushalt macht heute nur etwa ein Viertel der Lebenszeit eines Menschen aus. Ein Ehepaar lebt heute fast die Hälfte der Ehezeit ohne Kinder im eigenen Haushalt zusammen und widmet sich anderen Aufgaben als der Kindererziehung.

wandtschaft von Pflegekindern und nicht zuletzt auch zu den Verstorbenen der Familien, sind in diesem Konzept nicht gefasst und theologisch unterdeterminiert. Dabei gibt das vierte Gebot durchaus eine biblische Grundlage für die theologische Reflexion auf das intergenerationale weitere Verwandtschaftssystem.

Die Selbstwahrnehmung der Familien und die Sicht der Gesellschaft

These 3: Die Familien und die Gesellschaft verstehen Familie als ein komplexes intergenerationales Verwandtschaftsgefüge. Die lebenslange Ehe ist ein Ideal, das von den hohen Werten einer paritätischen, gewaltfreien und sich gegenseitig fördernden Beziehung getragen wird. Daneben werden verschiedene andere Lebensformen gesellschaftlich sichtbar und zunehmend rechtlich anerkannt. Das Scheitern von Ehen wird gesellschaftlich akzeptiert und rechtlich reguliert und dadurch in seinen Auswirkungen erträglicher gemacht. Es ist nicht als Folge eines Werteverfalls, sondern als Folge einer Güterabwägung verschiedener Werte zu verstehen. Eine Scheidung kündigt nicht das Familiengefüge, sondern nur die Beziehung zum Partner oder zur Partnerin auf.

Die *Familien selbst* erfahren sich als ein intergenerationales Verwandtschafts- und Beziehungsnetz. Es beruht auf einem komplexen Beziehungsgefüge, das ständig von den Familienmitgliedern konstituiert und aufrechterhalten wird. Darin stellt die lebenslange Ehe auch heute ein hohes Ideal und eine gewisse Normalität dar: Mehr als die Hälfte aller geschlossenen Ehen bleibt lebenslang zusammen, und das bedeutet heute oftmals mehr als 50 Jahre. Zugleich ist in den letzten Jahrzehnten eine Vielzahl von Beziehungs- und Lebensformen (die es immer schon gab) sichtbar und gesellschaftlich anerkannt sowie rechtlich abgesichert worden.

In der *Gesellschaft* stellen sowohl die Ehe als auch die Familie nach wie vor einen sehr hohen Wert dar, an dem festgehalten wird. Die Ehe wird von den Idealen der Verlässlichkeit, der Dauerhaftigkeit und des gemeinsamen Gelingens getragen. Das Scheitern von Ehen wird als eine ungewollte und bittere Realität erfahren. Die Scheidung und Wiederheirat der Partner sind als eine Realität anerkannt und durch rechtliche Regelungen in ihren Auswirkungen auf die Betroffenen entschärft worden. Ehescheidungen sind aber keineswegs als Zeichen eines Werteverfalls zu deuten. Im Gegenteil: Die Ehe ist heute von den hohen Idealen einer *paritätischen, reziproken, partizipativen, verlässlichen, gewaltfreien und sich gegenseitig fördernden Beziehung* geprägt. Diese Ideale dürfen durchaus als „Zeichen der Zeit“ verstanden, als Zeichen des Heils Gottes gedeutet werden (vgl. These 6). Wo diese Ideale nicht eingelöst werden, kann es zu einer Güterabwägung zwischen dem Wert der Dauerhaftigkeit der Ehe und dem Wert einer förderlichen Beziehung kommen. Bei einer Scheidung wird nicht die Beziehung zu den Kindern und zum Verwandtschaftssystem aufgekündigt, sondern nur das Zusammenleben der Ehepartner, das nicht mehr möglich erscheint. Die Scheidung führt also nicht zur Auflösung, sondern zu einer Umorganisierung der Familie.

Die Frage nach der *biologischen und leiblichen Verwandtschaft* hat mit der rechtlichen Regelung von Adoption und Pflegekindschaft sowie mit den Möglichkeiten der Reproduktionsmedizin heute ganz neue Dimensionen erhalten. Einerseits hat sie aus biographischen (Selbstvergewisserung) und medizinischen (Erbkrankheiten) Gründen eine hohe Relevanz. Andererseits wird sie durch anonymisierte und komplexe Abstammungsverhältnisse infolge der Reproduktionsmedizin, bei der mehr als zwei (und bis zu fünf) biologische und leibliche Eltern beteiligt sein können, äußerst komplex und undurchschaubar. So gibt es heute viele Menschen, die ihre Herkunftsfamilie nicht ausschließlich in biologischen Kategorien verstanden wissen wollen.

Familie aus der Sicht der Kinder

These 4: Aus der Sicht der Kinder ist es diskriminierend, wenn sie über das Eheverhältnis ihrer genetischen Eltern definiert werden. Für die positive Entwicklung der Kinder ist nicht das Eheverhältnis der Eltern, sondern sind die psychischen, sozialen und materiellen Ressourcen der Familie ausschlaggebend. Die Verhinderung einer Trennung der Eltern und des Aufbaus neuer stabiler Beziehungen können den Kindern schaden.

Im kirchlichen Verständnis von Ehe und Familie werden die Kinder über das Eheverhältnis der Eltern definiert. Dies führte zur Diskriminierung unehelicher und nicht leiblicher Kinder, die bis heute nachwirkt. Diese Kinder können die Familie, in der sie aufwachsen, nicht als normal begreifen, und ihr Status wird von kirchlicher Seite als defizitär oder „irregulär" definiert. Erst die zivile Familienauffassung hat ihnen eine eigenständige Rechtsstellung geschaffen. Das Familienrecht geht heute vermehrt vom Kindeswohl aus und versucht, die komplexen Familienverhältnisse in Sinne der Kinder zu regeln.

Die Entwicklungspsychologie hat aufgezeigt, dass die Entwicklung der Kinder nicht von einer bestimmten Form der Elternschaft oder der Familie abhängt. Wichtig sind psychische, soziale und materielle Ressourcen wie die Zufriedenheit und Zuneigung der Eltern, die Tragfähigkeit des Beziehungsnetzes und die materielle Versorgung.[8] Eine Trennung der Eltern kann für die Kinder sehr belastend sein, sie kann aber, etwa bei häuslicher Gewalt oder ständigen Konflikten, auch im Sinne und zum Wohle der Kinder sein. Alleinerziehende mit Kindern stehen materiell, psychisch und zeitlich unter hohem Druck; das Armutsrisiko von Einelternfamilien ist besonders hoch. Eine Wiederheirat des alleinerziehenden Elternteils oder beider Elternteile stellt oftmals wichtige soziale, materielle und psychische Ressourcen für die Kinder zur Verfügung.

Für die Kinder sind die soziale Anerkennung der Familienform, in der sie leben, und ihre rechtliche Absicherung von hoher Relevanz. Dies gilt auch für die kirchliche Anerkennung ihrer Familie. Werden ihre Familienverhältnisse als defizitär angesehen, oder verhindert die kirchliche Norm, dass die Eltern sich trennen und neue Beziehungen aufbauen können, die eine gewisse psychische und materielle Stabilität gewährleisten, dann kann dies den Kindern schaden.

Diese Überlegungen führen zu der Frage: Wie kann die Kirche sich positionieren, ohne die Menschen in ihren vielfältigen Familienverhältnissen zu diskreditieren und ohne ihre Werte und ihre Lehre von der sakramentalen Ehe abzuschwächen? Ein möglicher Weg besteht darin, das Sakrament der Taufe stärker zu gewichten und die Familien von diesem Sakrament her zu verstehen (vgl. These 7).

Lehramtliche Weiterentwicklung der theologischen Reflexion zur Familie

These 5: Es bedarf einer theologischen Bearbeitung der Herausforderungen für Familien durch die gesellschaftlichen Veränderungen und eines lehramtlichen Weiterdenkens. Eine Delegierung der Herausforderungen an die Pastoral führt zu keiner Lösung und perpetuiert die Kluft zwischen den Lebensrealitäten der Familien und der normativen Beurteilung des Lehramts.

Aus der ausschließlichen Ableitung der Familie aus dem Sakrament der Ehe lassen sich nur defizitäre Sichtweisen auf andere Familienformen in der heutigen Gesellschaft gewinnen. Es bedarf einer neuen theologischen Sichtweise, die die Vielfalt der Familienverhältnisse zu verstehen und zu integrieren vermag. Das Zweite Vatikanische Konzil hat gezeigt, dass neue theologische und lehramtliche Sichtweisen in Antwort auf die Herausforderungen durch die Transformationen der modernen Gesellschaft und im

[8] Vgl. Martina Zemp – Guy Bodenmann, Partnerschaftsqualität und kindliche Entwicklung. Ein Überblick für Therapeuten, Pädagogen und Pädiater, Berlin – Heidelberg 2015.

Geist der Sendung der Kirche in der Gesellschaft grundsätzlich möglich sind, ohne dass es zu neuen dogmatischen Aussagen kommen muss.

Das Apostolische Schreiben *Familiaris Consortio* macht die als „schwierig“ oder „irregulär“ bezeichneten familiären Lebensverhältnisse der Pastoral zur Aufgabe, und diesem Duktus folgen letztlich auch die *Lineamenta* zur Bischofssynode in Rom 2015. Die *Pastoral* wird jedoch die Probleme nicht lösen können, die aufgrund der zunehmenden Pluralisierung der Gesellschaft immer vielfältiger werden und die Kluft und Sprachlosigkeit zwischen lehramtlichen Aussagen und den Gläubigen in ihren unterschiedlichen Familienverhältnissen immer weiter vertiefen. Die Zuweisung der Aufgaben an die Pastoral erfolgt auch ohne den Blick auf die Realität der Gemeinden. Diese befinden sich in tiefgreifenden Transformationsprozessen und sind immer weniger in der Lage, auch nur die wichtigsten pastoralen Aufgaben vor Ort zu bewältigen. Zugleich wird die kirchliche Pastoral vor Ort immer mehr durch die Arbeit von Gläubigen in ganz unterschiedlichen Familiensituationen mitgestaltet, und die Kirche ist durch die Gläubigen in vielen Bereichen der Gesellschaft vertreten.

Die Konzilstexte weisen immer wieder darauf hin, dass die Gläubigen berufen sind, gerade „in all den einzelnen irdischen Aufgaben und den normalen Verhältnissen des Familien- und Gesellschaftslebens, aus denen ihre Existenz gleichsam zusammengewoben ist“ (*LG 31*) zur heilvollen Umgestaltung der Welt beizutragen und die Kirche dort präsent zu machen, wo diese mit ihren Institutionen nicht präsent sein kann. Gerade in Bezug auf die Tradierung des Glaubens an die nächste Generation ist die Kirche auf seine Weitergabe in den Familien sowie auf die Mitarbeit der Familien in den Gemeinden angewiesen.

Es ist notwendig, dass die Gläubigen, die Trägerinnen und Träger und vermehrt auch Repräsentantinnen und Repräsentanten des Glaubens in der Kirche und in der heutigen Gesellschaft sind, sich vom Lehramt auch in ihren Lebensverhältnissen anerkannt wissen. Hinzu kommt, dass der Umgang der katholischen Kirche mit einzelnen Familienmitgliedern von den gesamten Familienverbänden aufmerksam wahrgenommen wird. Familien sind Solidaritätssysteme. Die Erfahrung der Abwertung einzelner Familienmitglieder aufgrund ihrer Familienverhältnisse oder ihres Ausschlusses aus den kirchlichen Vollzügen brüskiert nicht nur die unmittelbar betroffenen, sondern auch die anderen Familienmitglieder und kann zum Rückzug ganzer Familienverbände aus dem kirchlichen Leben oder zur Zuwendung zu einer anderen Konfession führen (vgl. These 11).

Solange es keine *theologische* und *lehramtliche* Bearbeitung und Weiterentwicklung des Verstehens der Vielfalt der Familien gibt, wird es auch in der Pastoral keine Lösungen geben, und die Distanz zwischen den Gläubigen in ihren verschiedenen Familienverhältnissen und den lehramtlichen Sichtweisen wird sich weiter vergrößern. Das Lehramt kann sich die Herausforderungen des Lebens der Familien in der modernen Gesellschaft durchaus zu Eigen machen und sie *theologisch* neu begreifen, ohne dass es die Tradition der Wertschätzung der Ehe und ihrer Familie und die Ehetheologie vernachlässigt (vgl. These 9) oder eine eigene „Familientheologie" entwickelt (vgl. These 8). Die Generalversammlung der Bischofssynode im Herbst 2015 ist ein sehr guter Ort und der Kairos für die Entwicklung eines erweiterten lehramtlichen Verständnisses der Familie.

Die Zeichen der Zeit in den Familien entdecken

These 6: Anstatt sich auf die Defizite der Familien zu fokussieren, hat die Kirche ausdrücklich „allzeit die Pflicht", auch in den Familien nach den „Zeichen der Zeit" als Hoffnungszeichen für eine bessere Zukunft aus dem Heil Gottes zu suchen und sie „im Licht des Evangeliums" zu deuten (GS 4).

Nach den Aussagen des Zweiten Vatikanischen Konzils hat die Kirche den Auftrag und die Pflicht, „allzeit" nach den „Zeichen der Zeit" zu suchen und sie „im Licht des Evangeliums zu deuten" (*GS 4*). Mit Zeichen der Zeit meint das Konzil *Hoffnungszeichen*, die auf das Heil Gottes in der Welt und in der Kirche hinweisen.[9] Papst Johannes XXIII. bezeichnet die Zeichen der Zeit in seiner programmatischen Eröffnungsansprache des Konzils als „Anzeichen (…), die eine bessere Zukunft der Kirche und der menschlichen Gesellschaft erhoffen lassen"[10]. In der Enzyklika *Pacem in terris* verwendet der Papst den Begriff für konkrete Errungenschaften der modernen Gesellschaft wie die Grundrechte der Menschen, die friedliche Konfliktlösung, die Deklaration der Menschenrechte oder die Würde der Frau.

Auch in den Familien heute können solche *Zeichen der Zeit* entdeckt werden:

- Sowohl die lebenslange Ehe als auch die Familie stellen für die Menschen heute nach wie vor einen sehr hohen Wert und eine Sehnsucht dar.

[9] Zeichen der Zeit sind im theologischen Verständnis nicht Zeitströmungen, sondern Heilszeichen Gottes in einer konkreten Zeit. In den Texten des Zweiten Vatikanischen Konzils werden beispielsweise als solche *Zeichen der Zeit* der wachsende Sinn für die Solidarität der Völker (*AA 14*), die Verankerung der Religionsfreiheit in den Staatsverfassungen (*DH 15*), die ökumenische Einheit (*UR 4*), die wachsende Anerkennung der Zuständigkeiten der Laien in der Kirche und das gemeinsame Verstehen der Zeichen der Zeit von Priestern und Laien (*PO 9*) sowie die Erneuerung der Liturgie (*SC 43*) genannt.

[10] Papst Johannes XXIII., Apostolische Konstitution *Humanae salutis*, 25. Dezember 1961, 4.

- Mehr als die Hälfte aller Ehen hält ein Leben lang zusammen, obwohl die Bedingungen und Anforderungen im Vergleich zu früheren Zeiten schwieriger geworden sind, die zeitliche Dauer der Ehen sich verdoppelt hat und die Ehen durch den ökonomischen und gesellschaftlichen Druck nicht mehr zusammengehalten, sondern im Gegenteil stark belastet werden.
- Die Beziehungen in der Familie sind von den hohen Werten der Reziprozität, der Parität, der gegenseitigen Anerkennung und Förderung, der Verlässlichkeit und der Gewaltfreiheit getragen. Es gibt heute eine hohe Sensibilität dafür, dass ein Verstoß gegen diese Werte die Menschenwürde verletzt.
- Die Väter werden heute immer stärker in die Sorge um die Kinder integriert und werden dadurch für die Kinder erfahrbarer.
- Die Kinder werden vermehrt als Subjekte ihrer Lebensgestaltung begriffen. Sie werden umfassend in ihren Fähigkeiten gefördert und in die Entscheidungsprozesse der Familie einbezogen. Der Schutz des Kindes hat in der heutigen Gesellschaft rechtlich und ideell einen hohen Wert.
- Der Kommunikationsstil in den Familien hat sich von Befehlen und Gehorchen hin zu Erklären und Verstehen verlagert. Dies setzt bei den Eltern eine hohe kommunikative Kompetenz voraus, die zugleich von den Kindern erlernt wird.
- Das Verhältnis zwischen den Eltern und Kindern hat sich von einem Autoritätsverhältnis zu einem freundschaftlichen und in höherem Alter der Kinder auch partnerschaftlichen Verhältnis gewandelt.
- Die Familien sorgen sich oftmals über Jahre hinweg um alte, kranke und pflegebedürftige Familienmitglieder, häufig unter der Preisgabe eigener Lebensziele und bis an die Grenzen der persönlichen Belastbarkeit.
- Die Familien organisieren sich als weit vernetztes Solidaritätssystem der gegenseitigen Hilfe und Unterstützung, das oftmals auch nicht blutsverwandte Mitglieder mit einschließt. Insbesondere in Migranten- und Flüchtlingsfamilien ist diese Unterstützung über die nationalen Grenzen hinweg organisiert. Die Familien erweisen sich dabei als erstaunlich belastbar.[11] In einer vermehrt entsolidarisierenden Gesellschaft sind die Familien damit auch Lernorte der Solidarität.
- Familien sind Orte, in denen christliche Werte gelebt und tradiert werden, die in der ökonomisierten und verrechtlichten Gesellschaft nicht als Werte angesehen werden und weithin nicht mehr erfahrbar sind: die Beziehung auf der Grundlage von Vertrauen, Verzeihung und Liebe, die Annahme des schwachen, erfolglosen und traurigen Mitgliedes und des

[11] Vgl. Kaufmann, a.a.O. (Fn. 6), 159.

beschädigten Lebens und die Wahrnehmung der besonderen Gaben und Segnungen in ihm, die persönliche Hingabe ohne Gegenleistung, das Teilen von materiellen Gütern und viele andere mehr.

- Viele Familien sind Orte des religiösen Dialogs und der „Selbstevangelisierung" der Kirche.[12] Viele Eltern bemühen sich vor allem in der Zeit, in der die Kinder noch klein sind, darum, ihnen religiöse Grundlagen zu geben. Die je eigenen religiösen Entwicklungen von Familienmitgliedern werden meist respektiert und gefördert. Dabei können auch Kinder durch ihre Fragen und Entwicklungen oder ihre religiösen Interessen zu Evangelisatoren ihrer Eltern oder anderer Familienmitglieder werden.

Diese „Zeichen der Zeit" können „im Lichte des Evangeliums" gedeutet werden. So können Elemente der Praxis Jesu wie auch die Grundvollzüge der christlichen Praxis in ihnen erkannt werden. Die christlichen Familienmitglieder verstehen und reflektieren ihre Praxis selbst durchaus mehr oder weniger explizit als ihre göttliche Berufung und christliche Sendung, auch wenn ihnen die theologischen Begriffe dafür fehlen. Sie sind Subjekte ihres Lebens und Glaubens und grundsätzlich in der Lage, ihr Leben im Horizont ihres Glaubens zu reflektieren und verantwortlich zu handeln, ungeachtet der Tatsache, dass sie auch Fehler machen, sich falsch entscheiden und sich irren können.[13] Es ist ihnen hilfreich, wenn ihre christliche Praxis auch von der lehramtlichen Reflexion wahrgenommen, gewürdigt und in das Kirchenverständnis integriert wird. Dies gibt ihnen Selbstvergewisserung und einen Ort in der gesellschaftlich sichtbaren Kirche.

Die Familie vom Grundsakrament der Taufe her verstehen

These 7: Ein weiterführender Weg kann es sein, die Familie theologisch primär vom Sakrament der Taufe her zu betrachten. Dieses Verständnis wird den pluralen Familienformen, der Multikonfessionalität und -religiosität in den Familien und der Subjekthaftigkeit der je eigenen Berufung und Sendung der Familienmitglieder besser gerecht als eine ausschließliche Ableitung der Familie aus dem Sakrament der Ehe.

Um die Vielfalt der Familienformen heute zu respektieren und mit den Familien ins Gespräch zu kommen, kann es hilfreich sein, das Sakrament der Taufe als Grundsakrament der Nachfolge Christi in das Zentrum der

[12] Vgl. Papst Paul VI., Apostolisches Schreiben *Evangelii nuntiandi*, 8. Dezember 1975, 15.

[13] Vgl. Papst Franziskus, Apostolisches Schreiben *Evangelii gaudium*, 24. November 2013, 119–126.

theologischen Überlegungen zu stellen. Dieser Ansatz akzentuiert die göttliche Berufung und Sendung eines jeden Menschen, egal in welchen Lebensverhältnissen er lebt. Von diesem Ausgangspunkt aus kann jeder Mensch gestärkt werden, ohne dass er zuerst nach seinen Familienverhältnissen beurteilt wird. Die Familie wird dann nicht mehr als ein Problem der Pastoral, sondern als ein ekklesiologischer Ort begriffen, an dem die Gläubigen als Subjekte der Kirche ihr Christsein in den Grundvollzügen *martyria*, *diakonia*, *leiturgia* und *koinonia* zur Entfaltung bringen.

Das Sakrament der Taufe macht die Subjekthaftigkeit und je einzigartige Berufung *eines jeden* Familienmitglieds durch Gott sichtbar, nicht nur die des getauften. Es macht die seinshafte Selbstmitteilung und Gnade Gottes in besonderer Weise sichtbar, die nicht nur dem Getauften gilt, sondern die am Grunde des Lebens eines jeden Menschen immer schon da ist.[14]

Der Ansatz bei der Taufe für das Verständnis der Familien wird auch der heutigen Familienrealität gerecht, in der nicht nur die Ehepartner oft einer unterschiedlichen Konfession oder Religion angehören, sondern auch Pflege- und Adoptionskinder eine eigene Konfession oder Religion mit in die Familie bringen. Selbst in Familienverbänden, die noch in katholischen Milieus verankert sind, sind heute durch Heiraten immer häufiger verschiedene Konfessionen und Religionen vertreten. Auch kommt es vor, dass einzelne Familienmitglieder ihre Konfession oder Religion wechseln oder auch jede Religion ablehnen. Diese Situation macht die Familien zu Orten des interkonfessionellen, interreligiösen und weltanschaulichen Dialogs.

Eine fraglose *religiöse Sozialisation* der Kinder, wie sie in konfessionellen Milieus lange Zeit noch üblich war, ist heute in dieser Weise immer weniger möglich, da die Gesellschaft in ihrer Pluralität bereits die Kinder zu vielen Fragen herausfordert und den Eltern reflektierte Antworten abverlangt. Schon jedes Kind entwickelt in der heutigen Gesellschaft eine eigene Glaubensüberzeugung. Die Eltern können Vorbilder und Gesprächspartner sein, aber die religiöse Entwicklung der Kinder immer weniger determinieren. In dieser Situation können die Familienmitglieder sich aber auch gegenseitig evangelisieren. Es werden nämlich auch die Kinder zu Gesprächspartnern ihrer Eltern in Glaubensfragen, indem sie Fragen stellen und die Eltern mit ihren eigenen Überzeugungen konfrontieren. Evangelisation kann heute von allen Familienmitgliedern gleichermaßen ausgehen. So ist die Familie heute ein Ort der religiösen Sozialisation in der Weise, dass sie ein Ort des Dialogs ist, an dem die je eigene Glaubensentwicklung ge-

[14] Vgl. Karl Rahner, Grundkurs des Glaubens. Einführung in den Begriff des Christentums, Freiburg 1996, 122–142.

fördert und die religiöse Entscheidung und Selbstbestimmung respektiert wird.

In der Perspektive der Taufe wird *jedes* Familienmitglied als *Subjekt seines eigenen Glaubensweges*, seiner Konfession und Religion wahrgenommen und respektiert. Auf dieser Grundlage können die je eigene Berufung, die jeder Mensch von Gott hat, und der Glaube eines jeden Familienmitglieds auch unabhängig von seiner Konfession in den Blick kommen. Die vielfältigen Familienverhältnisse, die für das Leben der Menschen so wichtig sind, werden als Orte der realen Lebensvollzüge und der jeweiligen Glaubenssuche und Glaubenspraxis ernst genommen.

Die Situation unterschiedlicher Konfessionen, Religionen und Weltanschauungen in einer Familie stellt hohe Anforderungen an die Gestaltung des religiösen Lebens und an die religiöse Erziehung. Gerade in dieser Situation ist es wichtig, dass die Familie die Unterstützung der Gemeinde vor Ort hat, die Orte der christlichen Selbstvergewisserung, der Katechese, des Gebets, der Gemeinschaft und des diakonischen Engagements zur Verfügung stellt (vgl. These 10).

Der Verzicht auf eine Familientheologie als Grundlage für den Respekt vor der Vielfalt von Familienverhältnissen

These 8: Der Verzicht auf die Entwicklung einer Familientheologie und auf eine Sakralisierung der Familie in der Geschichte der Kirche ermöglicht es, die kulturelle Entwicklung der Moderne und das Leben der Menschen in ihren verschiedenen Familienkonstellationen auch theologisch zu respektieren.

Die katholische Kirche hat eine Lehre von der Ehe entwickelt, aber keine Theologie der Familie. Die Familie kommt als eine Funktion der Ehe in den Blick, die auf Kinder ausgerichtet ist, sie ist aber keine eigene theologische Größe; jenseits der Ableitung aus der Ehe gibt es keine eigene Familientheologie. Der Verzicht auf die Entwicklung einer Familientheologie und auf eine Sakralisierung der Familie zeigt an, dass die Regelung der komplexen Verwandtschaftsverhältnisse immer als eine kulturelle Angelegenheit betrachtet wurde. Damit wird anerkannt, dass die Verwandtschafts- und Familienverhältnisse in den unterschiedlichen geschichtlichen Epochen und Kulturen auch unterschiedliche Formen entwickeln konnten. So kannte man im alttestamentlichen Judentum Stämme und Sippen und die Polygamie; in der griechischen und römischen Antike gab es das Haus des „kyrios" bzw. des „pater familias", der Frauen, Kinder und Sklaven zum Besitz hatte; im Mittelalter stellte das Haus einen Produktionsverband dar, zu dem auch das Gesinde gehörte.[15] Das Modell einer nuklearen Kleinfamilie von Eltern mit den Kindern im eigenen Haushalt bis zu deren Erwachsensein ist eine neuere Entwicklung der westlichen Moderne, die im Zuge der Kolonialisierung aber als Norm auch an andere Kulturen herangetragen wurde und zu einer nicht unproblematischen „Familiarisierung" der Verwandtschaftsverhältnisse in anderen Kulturen führte. Heute eröffnet der Verzicht auf die Entwicklung einer Familientheologie in der Tradition der Kirche die Möglichkeit, die verschiedenen Familienkonstellationen in den heutigen Gesellschaften und Kulturen auch von Seiten der Kirche zu akzeptieren, wertzuschätzen und zu würdigen.

Die Würde und der Ort der sakramentalen Ehe und ihrer Familie

These 9: Die sakramentale Ehe und ihre Familie sind auch bei der Anerkennung einer Vielfalt von Familienformen ein besonderes Zeichen und Zeugnis in der Gesellschaft.

Eine Wertschätzung der verschiedenen Familienverhältnisse in der Gesellschaft schmälert keineswegs die Würde der sakramentalen Ehe und ihrer Familie. Gerade in der Pluralität der Familienverhältnisse kann die sakramentale Ehe als ein besonderes Zeichen und Zeugnis verstanden werden, das die unverbrüchliche Liebe Gottes und seine Gnade in menschlichen Beziehungen sichtbar zum Ausdruck bringt, ohne dass dieses durch die Abgrenzung von anderen Lebensformen oder durch ihre Abwertung herausgestellt werden müsste.

In der sakramentalen Ehe werden christliche Werte wie Liebe, Treue, Barmherzigkeit und Hingabe unter den Herausforderungen und Bedingungen der heutigen gesellschaftlichen Verhältnisse nicht nur als Ideale behauptet, sondern auch in der Praxis gelebt, und es wird um sie in allen Schattierungen und Problemen des praktischen Lebens gerungen. Dieses Leben spielt sich ab in allen Spannungen zwischen Hoffnung und Trauer, Vertrauen und Enttäuschung, Gelingen und Scheitern. Gerade weil sie all die Lebensprobleme mit anderen Menschen teilen, geben die christlichen Eheleute in ihrem Ringen aus der Kraft ihres Glaubens heraus ein Zeichen, das auch andere Menschen ermutigt. Die Sehnsucht nach einer liebevollen Partnerschaft und einer verlässlichen Familie ist bei allen Menschen groß, wie Umfragen bei Erwachsenen und Jugendlichen immer wieder zeigen. Die christlichen Eheleute und ihre Familien müssen freilich auch Unterstützung

[15] Vgl. dazu z. B. Andreas Holzem – Ines Weber (Hg.), Ehe – Familie – Verwandtschaft. Vergesellschaftung in Religion und sozialer Lebenswelt, Paderborn 2008.

von den Gemeinden erfahren; zugleich sind sie vor einer Idealisierung und Überforderung zu bewahren, denn „niemand ist gut außer Gott" (Mk 10,18).

Die Bedeutung einer Pastoral vor Ort

These 10: Die christlichen Familien und Familienmitglieder, die unter einem hohen Erwartungsdruck von Seiten der Gesellschaft und der Kirche stehen, bedürfen einer Gemeinde und Pastoral vor Ort, die sie in ihren unterschiedlichen Lebensformen respektieren und unterstützen. Zugleich sind sie selbst Subjekte dieser Gemeinde und Pastoral. Die Organisation von Gemeinde muss ihrem Leben gerecht werden.

An die Familien werden heute von der Gesellschaft und der Kirche sehr hohe Anforderungen gestellt, insbesondere in Bezug auf die Erziehung der Kinder, die schulbegleitende Unterstützung ihrer Ausbildung, die Sorge um die pflegebedürftigen Familienmitglieder und die religiöse Erziehung. Sie bedürfen einer *Gemeinde vor Ort*, die sie in ihren vielfältigen Aufgaben und ihrer christlichen Praxis unterstützt. Gerade die sehr jungen und die sehr alten Familienmitglieder sind wenig mobil. Die Sorge um die kleinen Kinder und die oft jahrelange Pflege von alten und kranken Familienmitgliedern bindet die Familienangehörigen oftmals stark an das Haus und schränkt ihre zeitliche und räumliche Mobilität ein. Die Familien benötigen eine christliche Gemeinschaft vor Ort, die sie in ihrem christlichen Leben unterstützt, und Orte des Gebets und der Begegnung in ihrer Nähe, an denen sie ihr christliches Leben entfalten können. Sie benötigen eine Gemeinde, die sie in ihrer jeweiligen Lebensform respektiert und in das Gemeindeleben integriert. Zugleich sind die christlichen Familienmitglieder aber auch selbst Subjekte dieser Gemeinde und Pastoral – und sie wollen auch als solche verstanden und gewürdigt werden. Vor diesem Hintergrund sind die Tendenzen zu überprüfen, Gemeinden zu immer größeren Einheiten zusammenzulegen und die Mobilität der Gemeindemitglieder vorauszusetzen. So sinnvoll eine vielfältige Schwerpunktbildung einer kategorialen Seelsorge heute ist, so müssen doch auch neue Strukturen für eine ortsnahe Organisation des kirchlichen Lebens gefunden werden, auch wenn dies eine neue Regelung von Diensten und Ämtern in der Kirche erfordert. Die Kirchenstrukturen sollten nicht die gesellschaftliche Entwicklung von Ortslosigkeit, Mobilitätszwang und Entpersonalisierung verdoppeln, sondern die Erfahrung von personaler Nähe ermöglichen.

Die Ausschlüsse von Familienmitgliedern von den Sakramenten als Belastung der Familien

These 11: Der Ausschluss von wiederverheirateten Geschiedenen von den Sakramenten wird von vielen Gläubigen und ihren Familien als Zurückweisung verstanden und bewirkt ihren Rückzug vom institutionellen Leben der Kirche. Die symptomatische Behandlung des Problems auf dem Verfahrensweg schadet der Glaubwürdigkeit der Kirche und ist in ihrer Wirkung destruktiv. Auch die Frage nach der Mahlgemeinschaft mit anderen Konfessionen stellt sich aus der Sicht der Familien als drängend.

Der Ausschluss von wiederverheirateten Geschiedenen von den Sakramenten führt oftmals zum Rückzug nicht nur der betroffenen Familienmitglieder vom Gemeindeleben, sondern oft auch ganzer Familienverbände, die sich solidarisch mit ihren Familienmitgliedern wissen.

All die Fragen, die den Umgang mit den wiederverheirateten Geschiedenen betreffen, müssen theologisch weitergedacht und auf lehramtlicher Ebene gelöst werden. Von Seiten der wissenschaftlichen Theologie wurde bereits eine Reihe praktikabler Wege aufgezeigt. Eine pragmatische Lösung auf der kirchenrechtlichen Verfahrensebene, die die Annullierung der Erstehe präferiert und erleichtert, weicht einer theologischen Lösung aus und schadet der Glaubwürdigkeit der Kirche. Die Verfahren können zu schweren Verletzungen eines Partners führen, sie können zu einer destruktiven Neuinterpretation der gemeinsamen Ehezeit (ver-) führen und schwere Schatten auf sie werfen, und sie lassen zudem Zweifel an der Gültigkeit und Verlässlichkeit der geschlossenen Ehen aufkommen. Die Ausschlusskriterien von den Sakramenten erscheinen teilweise formal und bürokratisch. Die hohe Anzahl von Ehenichtigkeitsverfahren macht sichtbar, dass anscheinend doch viele Menschen mit ungültigen Ehen in den Gemeinden leben und an den Sakramenten teilhaben. Kann es ein Ziel der Kirche sein, kirchenrechtlich der Ungültigkeit von Ehen nachzuspüren, wo sie doch dogmatisch die Unauflösbarkeit der Ehe behauptet? Das Sakrament ist nicht ein Zeichen von Rechtsbestimmungen, sondern ein wirksames und sichtbares Zeichen der Gnade Gottes.

Aus der Sicht der Familien stellt sich zudem die Frage der Mahlgemeinschaft mit anderen Konfessionen als drängend. In gemischtkonfessionellen Familien schließen sich Familien oft gemeinsam jener Gemeinde an, in der sie eine vorbehaltlose Aufnahme finden. Die Frage der Mahlgemeinschaft bedarf dringend der weiteren lehramtlichen Klärung, bleibt doch die Kirche, die Sakrament und Zeichen der Einheit mit Gott und den

Menschen sein will (vgl. *LG 1*), in ihrer Gespaltenheit hinter ihrem Auftrag zurück.

Jesu Zeugnis von der Gnade und Barmherzigkeit Gottes lehramtlich neu zum Ausdruck bringen

These 12: Die Fragen von Verurteilung und Ausschluss, von der Gnade und Barmherzigkeit Gottes und der Barmherzigkeit der Kirche müssen bibeltheologisch und dogmatisch neu reflektiert und lehramtlich neu zum Ausdruck gebracht werden.

Jesus hat mit Sündern Mahl gehalten und ihnen durch seine bedingungslose Annahme die Möglichkeit zu Umkehr und Neuanfang eröffnet. Beim letzten Abendmahl, dem Prototyp der Eucharistie, schließt Jesus weder Judas, der ihn verrät, noch Petrus, der ihn verleugnet, von dem zeichenhaften Mahl aus, obwohl er um ihre Unzulänglichkeit, ja sogar um die Vorsätzlichkeit des Judas weiß und sie darauf anspricht.

Die Eucharistie feiernde Gemeinde weiß sehr wohl um ihre Schuldhaftigkeit und ihre Angewiesenheit auf die Gnade Gottes. Sie bekennt ihre Unwürdigkeit und Sündhaftigkeit und bittet um das Erbarmen Gottes: „Herr, schau nicht auf unsere Sünden, sondern auf den Glauben deiner Kirche". In dem Bewusstsein ihrer Sündigkeit gibt sie kein kollektives Versprechen von Reue und Umkehr, denn sie weiß, dass sie die Umkehr nicht aus eigener Kraft vollzieht, sondern sie der Gnade Gottes bedarf. Papst Franziskus erinnert daran, dass die Eucharistie „nicht eine Belohnung für die Vollkommenen, sondern ein großzügiges Heilmittel und eine Nahrung für die Schwachen"[16] ist, und er legt der Kirche nah, Förderin und nicht Kontrolleurin der Gnade zu sein.

Die Beurteilung von Schuld ist allein Gott vorbehalten (Mt 13,29 f), die Menschen können nur auf sein Erbarmen hoffen. Das macht auch die Erzählung von Jesus und der Ehebrecherin (Joh 8,1–11) deutlich. „Wer ohne Sünde ist, werfe den ersten Stein". Jesus spricht nicht nur den Menschen, von denen keiner unschuldig ist, die Befugnis zur Verurteilung anderer ab, sondern er verurteilt die Sünderin auch selbst nicht. Gerade dadurch eröffnet er ihr die Möglichkeit zu einem neuen Leben. Wenn aber Jesus nicht verurteilt, dann ist es auch der Kirche erlaubt, auf eine Verurteilung zu verzichten.

Wenn die Kirche viele Lebensformen in ihrem normativen Verständnis nicht gutheißt, muss das nicht zur Folge haben, dass sie die Menschen in

[16] *Evangelii gaudium*, a.a.O (Fn. 13), 47.

diesen Lebensformen verurteilt und von den Sakramenten ausschließt. Eine Verurteilung jener, die einem Ideal nicht vollständig genügen können, macht ein Ideal nicht schöner und einen Wert nicht größer, vielmehr verschleiert sie die eigentliche Wahrheit: die Angewiesenheit aller Menschen auf die Gnade Gottes. Was hindert die Institution Kirche, die vorbehaltlose Gnade Gottes, die sie verkündet und für sich selbst erbittet und erhofft, die Menschen durch ihr Handeln erfahrbar zu machen, wie Jesus sie die Ehebrecherin erfahren ließ? Was hindert sie, „in Christus gleichsam das Sakrament, das heißt Zeichen und Werkzeug für die innigste Vereinigung mit Gott wie für die Einheit der ganzen Menschheit" (*LG 1*) zu werden, indem sie die Gemeinschaft mit den Sündern sucht und nicht auf ihre Sünden, sondern auf ihre Heilssehnsucht und ihren Glauben sieht? Jesus hat seinen Jüngern den Glauben und die Heilssehnsucht des heidnischen Hauptmanns von Kafarnaum als vorbildlich vor Augen geführt, obwohl dieser doch durch und durch das falsche Leben führte und der falschen Religion angehörte (Mt 8,5–13).

Wenn die Kirche von den Eheleuten die immerwährende voraussetzungslose Vergebungsbereitschaft und Annahme des anderen verlangt, warum zeigt sie nicht selbst ihre voraussetzungslose und immerwährende Vergebungsbereitschaft und Annahme jenen, die scheitern?

Der Blick auf die Gnade Gottes und seine Barmherzigkeit könnte die Grundhaltung der Kirche gegenüber den gesamten Familienverbänden bestimmen. Der erste Abschnitt der *Lineamenta* zur Bischofssynode 2015 (Nr. 5–11), der der Situationsanalyse und dem Hören auf die Familien gewidmet ist, ist von einer sehr pessimistischen Sicht auf die Familie durchdrungen. Allein die letzten beiden Sätze des Abschnitts sind so hoffnungsvoll, dass ich mit ihnen meine Überlegungen hier schließen möchte: „Man muss die Menschen in ihrer konkreten Existenz annehmen, es verstehen, ihnen bei ihrer Suche beizustehen, sie in ihrer Sehnsucht nach Gott und ihrem Wunsch, sich ganz als Teil der Kirche zu fühlen, ermutigen, auch jene, die eine Erfahrung des Scheiterns gemacht haben oder sich in verzweifelten Situationen befinden. Die christliche Botschaft enthält immer die Wirklichkeit und Dynamik der Barmherzigkeit und Wahrheit, die in Christus zur Einheit führt."[17]

---

[17] *Lineamenta*, a.a.O (Fn. 1), 11.

Fundamentale Neukontextualisierungen

Auswege aus den Sackgassen der katholischen Ehe- und Familienlehre[1]

Rainer Bucher, Graz

Der Zusammenbruch

Der kirchliche Erlaubnis-, Herrschafts- und Autoritätsdiskurs, wie er über lange Jahrhunderte das private wie öffentliche Leben und eben auch das Sexualleben der Christen beherrschte, läuft heute offenkundig ins Leere. „Wir spüren", so der Trierer Bischof Ackermann im Februar 2011, „dass die Kirche hier auf breiter Fläche nicht mehr gefragt ist, dass Menschen da keine Orientierung mehr von ihr erwarten."[2]

Bischof Ackermann resümiert, worauf die wissenschaftlichen Daten seit längerem hinweisen[3]: In kaum einem Bereich hat sich die katholische Kirche diskursiv tiefer ins Abseits der Irrelevanz manövriert als in jenem prekären Feld menschlicher Existenz, das im kirchlichen Jargon mit den Stichworten „Ehe und Familie" umschrieben wird, lehramtlich eine spezifische und durchaus nicht widerspruchsfreie Kopplung von Sexual-, Pastoral-, Gesellschafts-, Philosophie- und Theologiediskurs meint und ja tatsächlich in so ziemlich jedes Menschen Leben eine prekäre Realität anvisiert: wie zusammenleben, frei und doch auf Dauer, intim und respektvoll, kooperativ und solidarisch, Kinder gebärend und Eltern ehrend.

Das kirchliche Sexualregime ist zusammengebrochen.[4] Offenbaren dann noch Missbrauchsskandale eine große Norm-Praxis-Kluft im innersten

[1] Dieser Text greift in vielen Teilen zurück auf: Rainer Bucher, Kirche, Macht und Körper. Pastoraltheologische Perspektiven, in: Regina Ammicht Quinn (Hg.), „Guter" Sex: Moral, Moderne und die katholische Kirche, Paderborn u. a. 2013, 123–137.

[2] http://www.kath.net/detail.php?id=30170 [Zugriff: 17.2.2011].

[3] Michael N. Ebertz resümiert 2010 die einschlägigen Untersuchungen: „Die Katholikenkörper scheinen sich nun endgültig der klerikalen Kontrollansprüche entzogen zu haben." (Michael Ebertz, Wie kommunizieren die Katholiken, in: Herder-Korrespondenz 64 (2010), 344–348, 345).

[4] Sozialwissenschaftlich meint „Regime" allgemein „eine Lebensweise, Ordnungs- oder Regierungsform, also ein institutionalisiertes Set von Prinzipien, Normen und Regeln, das die Umgangsweise der Akteure in einem gegebenen Handlungszusammenhang grundlegend regelt" (Michael Zürn, Art. Regime/Regimeanalyse, in: Dieter Nohlen – Rainer-Olaf Schultze (Hg.): Lexikon der Politikwissenschaft. Bd. II, München 2002, 798–799). Der Begriff wird hier in diesem Sinne als analytische, nicht als polemische Kategorie gebraucht. Zur Phänomenologie der katholischen Gegenwart in diesem Feld siehe: Arnd Bünker – Hanspeter Schmitt

(klerikalen) Bereich und am sensibelsten Ort heutiger Beziehungsrealitäten, den Kindern, dann verdunstet die kirchliche Normierungsautorität laikalen Sexuallebens endgültig und irreversibel – und mit ihr kirchliche Autorität überhaupt. Wenn in Rom die Bischofsynoden der Jahre 2014 und 2015 an dieser Kluft arbeiten, geht es daher nicht zuerst um das konkrete Ehe-, Beziehungs- und Sexualleben der Katholikinnen und Katholiken, sondern darum, ob die katholische Kirche sich selbst immer weiter aus dem Spiel spätmoderner Lebensformen nimmt, oder überhaupt wieder ins Spiel aktueller Lebensgestaltung kommt.

Wie kam es zu dieser misslichen Lage? Drei Entwicklungen dürften zusammenspielen. Zum einen die „Neuchoreographie der Geschlechterverhältnisse", die wohl erstmals in der Menschheitsgeschichte Frauenbiographien gesellschaftsweit von ihrer Zwangskopplung an Männerbiographien löst und Frauen die psychischen, kognitiven, rechtlichen und finanziellen Ressourcen an die Hand gibt, ein männerunabhängiges Leben zu führen. Dies führt, zuerst in westlichen Industrienationen, zunehmend aber auch in den Schwellenländern des Südens, zur Verflüssigung traditioneller Familienstrukturen. Dies geschieht in einem spezifischen Ineinander von sozial- und theoriegeschichtlichen Prozessen und lässt die traditionelle patriarchale Definitionsmacht der Männer über die sozialen wie konzeptionellen Geschlechterverhältnisse auslaufen.[5] Partnerschaftsbeziehungen werden damit, auch für traditionell geführte Ehen, von sozial vorgegebenen Selbstverständlichkeiten zu prekären Herstellungsleistungen („doing family").

Teil dieses Prozesses und wahrscheinlich eine seiner Voraussetzungen ist dabei eine grundlegende Neukonstellation von Ökonomie und Intimität im Bereich von Partnerschaften: War die Ehe bis vor kurzem ein ökonomisches Projekt mit Intimitätsfolgen, so ist sie heute ein Intimitätsprojekt mit ökonomischen Folgen. Ihre absehbare Auffächerung hin zu vielfältigen Formen rechtlich geregelter Partnerschaftsverhältnisse dürfte daher die rückschla-

---

(Hg.), Familienvielfalt in der katholischen Kirche. Geschichten und Reflexionen, Zürich 2015 (Im Erscheinen).

[5] Vgl. Rüdiger Peuckert, Familienformen im sozialen Wandel, Wiesbaden [7]2008; Rosemarie Nave-Herz, Familie heute. Wandel der Familienstrukturen und Folgen für die Erziehung, Darmstadt [4]2009; Elisabeth Beck-Gernsheim, Was kommt nach der Familie? Alte Leitbilder und neue Lebensformen, München [3]2010; siehe auch schon: Ulrich Beck – Elisabeth Beck-Gernsheim, Das ganz normale Chaos der Liebe, Frankfurt/M. 1990. Sehr instruktiv sind der VII. und VIII. Familienbericht der (deutschen) Bundesregierung vom 26.4.2006 bzw. 15.3. 2012; abrufbar unter: http://www.bmfsfj.de/doku/Publikationen/familienbericht/haupt.html [Zugriff: 31.5.2015].

gende Folge dieser Neukonstellation von Intimität und Ökonomie auf die Gestaltung jener Partnerschaftsverhältnisse sein.[6]

Zweitens ist da der Zusammenbruch der „Konstantinischen Formation", mithin der Herrschaftswechsel von Religion und Biographie in den individuellen, strukturellen und kulturellen Säkularisierungsprozessen zumindest der oben genannten Länder und der damit verbundene Relevanzverlust des Religiösen. Dessen Konstanz und partiell neu beobachtbare Militanz scheinen Teil eines globalen Auffächerungsphänomens des Religiösen hin zu individuell und situativ gewählten Partizipationsmustern zu sein, bei dem die Ränder gestärkt, die „normalisierte Mitte" eher schwächer wird. Für alle, auch die Intensivstreligiösen, aber gilt: Beherrschten früher religiöse Normen ganz selbstverständlich Biographien bis in ihre intimsten Details, so beherrschen heute biographische Bedürfnisse die situative Nutzung oder eben Nicht-Nutzung religiöser Riten, Handlungsnormierungen oder Sozialräume.[7]

Drittens aber hat der traditionelle essentialistische Naturrechtsdiskurs im Bereich der Geschlechterverhältnisse, zumindest wissenschaftlich und weitgehend auch im Feld der Intellektuellen, in westlichen Gesellschaften seine Plausibilität verloren. Selbst in der Breite dieser Gesellschaften, das zeigt das Ergebnis des Referendums zur „Marriage Equality" im Mai 2015 in Irland, verliert er offenbar massiv an Rückhalt. An seine Stelle tritt eine personale Beziehungsethik. Doch dieser Paradigmenwechsel ist Thema und Problem nicht der Pastoral-, sondern der Moraltheologie.[8]

Unsere Gesellschaft stellt normativ wie sozial auf eine symmetrische, vielfältige und entwicklungsoffene Geschlechterchoreographie um, essentialistische Begründungsmuster für Geschlechterasymmetrien verlieren in ihr massiv an Plausibilität. Auf einem Studientag der Deutschen Bischofskonferenz im Jahr 2008 wurde aus soziologischer Perspektive deutlich, dass unter diesen Bedingungen eine „Re-Traditionalisierung von Ehe und Familie, damit eine unweigerliche Re-Traditionalisierung der Geschlechterverhältnisse (…) ausgeschlossen"[9] ist. Wer sie vertritt, marginalisiert sich, im

[6] Vgl. dazu: Eva Illouz, Gefühle in Zeiten des Kapitalismus, Frankfurt/M. 2008. Es ist dabei im Übrigen darauf hinzuweisen, dass früher die Ehe zwar notwendig zu sexueller, nicht aber ebenso notwendig zu emotionaler Intimität führte.

[7] Vgl. dazu exemplarisch: Rainer Bucher (Hg.), Nach der Macht. Zur Lage der katholischen Kirche in Österreich, Innsbruck – Wien 2014; global: Detlef Pollack – Gergely Rosta, Religion in der Moderne. Ein internationaler Vergleich, Frankfurt/M. 2015.

[8] Vgl. Konrad Hilpert – Bernhard Laux (Hg.), Leitbild am Ende. Der Streit um Ehe und Familie, Freiburg/Br. – Basel – Wien 2014; Konrad Hilpert (Hg.), Zukunftshorizonte katholischer Sexualethik, Freiburg/Br. – Basel – Wien 2011.

[9] Johannes Huinink, Die Situation von Ehe und Familie in der Gesellschaft aus empirisch-familiensoziologischer Perspektive, in: Sekretariat der Deutschen Bischofskonferenz (Hg.),

Konfliktfall wird man sich – zumal in Zeiten eines offenkundigen Abstiegs von Religion in der persönlichen Relevanzhierarchie[10] – eher von ihm als von der neuen Norm einer symmetrischen, vielfältigen und entwicklungsoffenen Geschlechterchoreographie verabschieden.

Vorgeschichten – Machtgeschichten

Diese sich aktuell innerkatholisch zuspitzenden Entwicklungen besitzen lange Vorgeschichten. Wie Foucault analysierte, hat sich das Christentum wie nur wenige Religionen als spezifisches Machtgebilde aufgefasst und die Relevanz der eigenen Botschaft in machtdichte Sozialformen seiner selbst umgesetzt. Es hat eben nicht nur eine neue Konzeption von Moral in die Weltgeschichte eingebracht, sondern auch eine völlig neue Form religiöser Organisation und mit ihr eine ganz neue Machtform. Als „einzige Religion, die sich als Kirche organisiert hat“, so Foucault, „vertritt das Christentum prinzipiell, daß einige Individuen kraft ihrer religiösen Eigenart befähigt seien, anderen zu dienen, und zwar nicht als Prinzen, Richter, Propheten, Wahrsager, Wohltäter oder Erzieher usw., sondern als Pastoren. Dieses Wort bezeichnet jedenfalls eine ganz eigentümliche Form der Macht“[11]: Foucault nennt sie bekanntlich „Pastoralmacht“.[12]

Foucault weist darauf hin, dass das Christentum damit eine Machttechnik entwickelte und begründete, die sich nicht nur von vorausgehenden antiken Machttechniken unterschied, sondern auch im modernen Staat bis heute wirkt, insofern dieser die Kirchen als Trägerinnen der Pastoralmacht nach und nach beerbte. Seit dem 18. Jahrhundert, so Foucault, wanderte die Pastoralmacht hinüber zum entstehenden modernen Staat und übrigens auch seinen für ihn typischen Human-Wissenschaften.

Ehe und Familie. Reader zum Studientag der Frühjahrs-Vollversammlung der Deutschen Bischofskonferenz, 13.2.2008, o. O. 2008, 11–23, hier 21.

[10] Dies ist der zentrale Befund von Pollack/Rosta, Religion in der Moderne; siehe auch schon Olaf Müller – Detlef Pollack, Wie religiös ist Europa? Kirchlichkeit, Religiosität und Spiritualität in West- und Osteuropa, in: Bertelsmann-Stiftung (Hg.), Religionsmonitor 2008, Gütersloh 2007, 67–178.

[11] Michel Foucault, Warum ich Macht untersuche? Die Frage des Subjekts, in: Hubert Dreyfus – Paul Rabinov (Hg.), Jenseits von Strukturalismus und Hermeneutik, Frankfurt/M. 1987, 243–250, 248.

[12] Vgl. neben Foucault, Warum ich Macht untersuche? auch: Ders., Omnes et singulatim. Zu einer Kritik der politischen Vernunft, in: Joseph Vogl (Hg.), Gemeinschaften. Positionen zu einer Philosophie des Politischen, Frankfurt 1994, 65–93. Foucaults Machtanalysen erhellen, dass die typisch moderne Gegenüberstellung – hier das freie, souveräne Subjekt, dort die repressive und subjektzerstörende Macht – selbst eine spezifische Machtformation verkörpert.

Aufgeladen mit globalisierter digitaler Technologie dürfte die Spitze aktueller Pastoralmacht und ihre Doppelstrategie von „Bewachen und Überwachen" aktuell bei Organisationen wie der NSA zu identifizieren sein. Die kirchlichen Pastoralmachtstrategien wirken demgegenüber hilflos und hoffnungslos unterlegen und sie sind es auch: sowohl gegenüber den säkularen staatlichen (und wirtschaftlichen: google, facebook) Pastoralmachtsakteuren mit ihren ungeheuren technologischen Möglichkeiten, wie gegenüber den kapitalistischen Steuerungsmechanismen, die nicht auf Folgsamkeit und Gehorsam, sondern auf die Produktion und Erfüllung von Wünschen und Sehnsüchten setzen.

Das überrascht nicht. Denn für die *kirchliche* Pastoralmacht bedeutete die Neuzeit schon länger einen einzigen Verlustweg. Er führte vom Kosmos zur Kommunität und schließlich zum Körper. Die kosmisch codierte Interpretationsmacht des Christentums wurde in Frage gestellt von Männern wie Galilei, Kopernikus und Kepler, der kirchliche Zugriff auf die (nichtkirchliche) Kommunität ging mit dem (den) bürgerlichen Gesellschaftsprojekt(en) und somit im 19. Jahrhundert verloren – nachdem schon der Absolutismus des 18. Jahrhunderts sich zunehmend von kirchlichen Bestimmungshorizonten frei gemacht hatte. Zuletzt aber versuchte gerade die katholische Kirche über ihre Moralverkündigung noch Einfluss auf den Körper zu nehmen, auf seine Praktiken und Techniken.

Dem eigenen neuzeitlichen Reichweitenverlust entsprach ekklesiologisch, also diskursiv, und wo möglich auch real, also institutionell und pädagogisch, katholischerseits eine kompensatorische Selbstaufwertungstendenz. Seit Robert Bellarmin und also seit der reformatorischen Kränkung hatte sich die katholische Kirche zunehmend als „societas perfecta" verstanden und auch so gestaltet. Das geschah in Reaktion auf die sich entwickelnden absolutistischen Nationalstaaten der frühen Neuzeit. Intern führte dies zu einer enormen Verdichtung kirchlicher Machtzugriffe.

Mit dem Zusammenbruch des „katholischen Milieus" in den 60er Jahren des 20. Jahrhunderts und mit der Freigabe zur religiösen Selbstbestimmung auch für Katholiken und Katholikinnen, ab jenem Zeitpunkt also, da die schon länger wirksame strukturelle Säkularisierung der bürgerlichen Gesellschaften die kulturelle Realität auch der katholischen Kirchenmitglieder erreichte, da spätestens geriet die kirchliche Pastoralmacht in ihre finale Bestandskrise und dies – markiert durch *Humane vitae* – auch und gerade in jenem Bereich, in dem man sie noch ausüben zu können glaubte: dem Körper.

Folgeprobleme

Der klassisch lehramtliche Zugang zu Ehe und Familie entspricht damit früheren sozialen Formationen von Gesellschaft und katholischer Kirche, erscheint aus der Perspektive der Betroffenen heute aber als Kombination idealistischer Überhöhung und rechtlicher Übernormierung, die den komplexen und oft aktuellen hochproblematischen Realitäten von Ehe, Familie und überhaupt partnerschaftlichen Beziehungsstrukturen nicht gerecht wird.[13]

Die nachvatikanische personalistische Aufladung der alten, primär juridisch verfassten Ehelehre erweist sich dabei keineswegs als ein pastoral wirklich weiterführender Weg, da die alten rechtlich-institutionellen Regelungen bislang davon unberührt weiter galten und gelten, nicht wirksam umformatiert, sondern durch ihre personalistische Aufladung nur eindringlicher und zugleich härter gemacht wurden. Diese Entwicklung markiert näher besehen den Abschluss sich nach und nach immer weiter aufladender innerkirchlicher normativer Ehe- und Familiendiskurse.

Seit dem 19. Jahrhundert war die katholische Kirche verstärkt als Anwältin von Ehe und Familie aufgetreten und hatte, so Hartmut Tyrell, dabei „mit semantischen Beständen der Spätantike, mit kirchenrechtlichen Figuren des Mittelalters und der Gegenreformation und der ‚institutionalistischen' Überformung, die all das im 19. Jahrhundert erfahren hatte"[14], gearbeitet. Die Umstellung auf den bürgerlichen Personalitäts- und Intimitätsdiskurs zeigte sich aber spätestens mit *Humane vitae* nicht als grundsätzlicher Neuansatz, vielmehr als Intensivierung, ja Intimisierung aller bisherigen kirchlichen Ehe- und Familiendiskurse. Diese Situation produziert signifikante Folgeprobleme für die katholische Kirche.

Die katholische Sexual- und Ehelehre, die ja ursprünglich ihren zentralen Ort am intimsten Kontaktpunkt des Priester-Laien-Verhältnisses, dem Beichtstuhl, hatte, wurde *erstens* von einem Punkt engster innerkirchlicher Ligatur zu einem innerkirchlichen Distanzierungs- und Entfremdungstreibsatz. Wenn in den Ballungsräumen jede zweite, in ländlichen Räumen jede dritte Ehe geschieden wird, wenn fast jeder kirchlich Heiratende bereits eine Trennung von einem langjährigen Intimpartner hinter

[13] Siehe dazu: Marianne Heimbach-Steins, Das moralische Gebäude der Kirche – „ein Kartenhaus"? Tendenzen zur Idealisierung, Ontologisierung und restriktiven Normierung in lehramtlichen Weisungen zu Ehe und Familie, in: Konrad Hilpert – Bernhard Laux (Hg.), Leitbild am Ende? Der Streit um Ehe und Familie, Freiburg/Br. 2014, 131–145.

[14] Hartmut Tyrell, Die Familienrhetorik des Zweiten Vatikanums und die gegenwärtige Deinstitutionalisierung von ‚Ehe und Familie', in: Franz-Xaver Kaufmann – Anton Zingerle (Hg.), Vatikanum II und Modernisierung, Paderborn 1996, 353–373, 367.

sich hat, dann besitzt die kirchliche Sexual- und Ehelehre in Zeiten, da kirchliche Partizipation unter den dauernden Revisionsvorbehalt auch der aktiven Kirchenmitglieder geraten ist, ein massives innerkirchliches Desintegrationspotential.

Die Kluft zwischen strikter Doktrin und kirchlichen Rechtsvorschriften einerseits und real davon weit abweichender Praxis andererseits wirkt *zweitens*, wie alle allzu breiten Theorie-Praxis-Klüfte, entplausibilisierend auf die kirchliche Lehre im Bereich von Sexualität und Ehe, aber zunehmend auch auf kirchliche Lehren überhaupt. Diese Kluft hat offenbar jene Grenze schon länger überschritten, bis zu der Norm-Praxis-Abweichungen durchaus versöhnend, friedensstiftend und realitätsadäquat wirken können.

In der lehramtlichen Ehe- und Familienlehre herrscht *drittens* trotz aller Verflüssigungsversuche in Richtung Gradualität und Prozesshaftigkeit weitgehend dann doch noch die alte statisch-idealistische, dabei stark juridisch geformte Auffassung sexueller und ehelicher Beziehungsrealitäten, wie sie früheren sozialen Formationen durchaus entsprach, nicht mehr aber heutiger Lebenswirklichkeit.

Die katholische Ehe- und Familienlehre neigt bis heute zu pastoral- (und selbst moral-)theologisch für die meisten Katholiken und Katholikinnen nur mehr schwer nachvollziehbaren legalistischen Standpunkten.[15] *Gaudium et spes* „holt" zwar, wie Hartmut Tyrell treffend schreibt, „in Sprache und Beschreibung die Intimisierung der Familie und zumal der Ehe nach"[16], wie sie die bürgerliche Gesellschaft bereits vollzogen hatte. Die klassischen Ehezwecke etwa wurden damit grundsätzlich in einen neuen Rahmen gestellt.

Die katholische Sexual- und Ehelehre berührt *viertens* auch den Sakramenten- und Gottesbegriff in durchaus problematischer Weise. Sie stellt das Leben wiederverheirateter Geschiedener oder auch nicht-verheiratet Zu-

[15] Siehe dazu: Konrad Hilpert, Resultate, Kontrapunkte und bleibende Visionen, in: Ders, Zukunftshorizonte katholischer Sexualethik, Freiburg/Br. – Basel – Wien 2011, 490–498. Hilpert nennt als Problempunkte die ausschließliche Ehebezogenheit der katholischen Sexualmoral, die Verbotsmoral, die Ausrichtung der Sexualität primär auf Fortpflanzung, die Vernachlässigung der Verletzungsmöglichkeiten innerhalb der Ehe, die Verallgemeinerung und Idealisierungen, vgl. hierzu (besonders) 492–496.

[16] Tyrell, Familienrhetorik des Zweiten Vatikanums, 356. Tyrell weist dabei darauf hin, dass diese „‚Anpassung' an die bürgerliche Familienkultur (und zumal die Liebesehe)" angesichts der ungefähr zeitgleich einsetzenden Deinstitutionalisierungsprozesse von Ehe und Familie „historisch *zu spät* [kam]": „Und angesichts dieser Entwicklungen hat die katholische Ehe- und Familiendoktrin die Berührung zu dem, was sich auf den Feldern von Intimbeziehung, Sexualität und Elternschaft als Verhalten verändert und auch wieder normalisiert hat, offenkundig weitgehend verloren; zugleich aber sind die normativen Bestände der kirchlichen Ehelehre, wie sie das Konzil eher kleingeschrieben sehen wollte, in umso grelleres Licht gerückt" (358 f.).

sammenlebender unter dauernde Sündhaftigkeit. Obwohl die katholische Ehetheologie die Ehe als Sakrament, also als wirksames Zeichen der Gnade Gottes bestimmt, Gottes Gnadenwirksamkeit also gerade in diesem Sakrament bis in die oft mühsame Alltäglichkeit hinein zuspricht, wird das Scheitern einer Ehe von Gottes Zuwendung – zumindest im Bereich der Lehre – nicht noch einmal umfangen.[17]

Anders als Gottes Liebes- und Gnadenzusage sind Liebes- und Gnadenzusagen des Menschen aber gefährdet, endlich und stets hilfsbedürftig. Die Schuldgeschichte, die im Übrigen jede, auch die beste Ehe darstellt, kann, im Unterschied zu anderen Schuldgeschichten, von der Kirche im Falle ihrer Eskalation nicht noch einmal in Gottes verzeihende Zusage hinein aufgehoben werden. Jesu befreiende Gnadentaten, Grundlage allen sakramentalen Handelns der Kirche, zeichnet aber zweierlei aus: die reale, zeichenhafte Erfahrbarkeit der Nähe des Gottesreiches sowie die Tatsache, dass diese Zusage gerade an sündige Menschen zugesprochen wird. Sie ist praktischer Vollzug des anbrechenden Gottesreichs. In der katholischen Ehelehre wird der ersten, gescheiterten Ehe die (bleibende) Sakramentalität zugesprochen, wiewohl ihre Erfahrungsrealität ganz anders ist, während eine eventuell zweite Verbindung, obwohl vielleicht beziehungs- und lebensintensiv, kategorisch unter Sündhaftigkeit gestellt wird. Erfahrung und Sakramentalität weichen mithin massiv auseinander.

In der katholischen Ehetheologie zeigt sich *fünftens* auch, und das berührt nun den Grundlagenbereich der Pastoraltheologie, eine tendenziell vorkonziliare Verhältnisbestimmung von Pastoral und Dogmatik: Pastoral erscheint als (bestenfalls: gnädigerer) Anwendungsort dogmatischer Prinzipien. Demgegenüber gilt: Die Pastoral ist selbst ein Entdeckungsort der kirchlichen Lehre und steht mit ihr in einem wechselseitigen Erschließungs- und Entdeckungsverhältnis. Pastoral meint nach dem II. Vatikanum das evangeliumsgemäße Handlungsverhältnis der Kirche zur Welt im Ganzen.[18]

[17] „Gottes Barmherzigkeit ist nicht ein Kompromiß *mit* der Gerechtigkeit, sondern *manifestiert* seine Gerechtigkeit. Gott ist den Gescheiterten und Gerichteten gegenüber nicht nur gnädig (obwohl ihnen *recht*mäßig eigentlich anderes zustünde), sondern er rechtfertigt sie, so daß sie *als* SünderInnen Gerechtfertigte sind." (Ottmar Fuchs, Nicht pastoraler Kompromiß, sondern kompromißlose Pastoral, in: Theodor Schneider (Hg.), Geschieden, wiederverheiratet, abgewiesen? Antworten der Theologie, Freiburg/Br. – Basel – Wien 1995, 322–341, 328). Zur aktuellen Diskussion siehe: Eberhard Schockenhoff, Chancen zur Versöhnung? Die Kirche und die wiederverheirateten Geschiedenen, Freiburg/Br. – Basel – Wien 2011.

[18] Zum Pastoralbegriff des II. Vatikanums siehe: Elmar Klinger, Das Aggiornamento der Pastoralkonstitution, in: Franz-Xaver Kaufmann – Arnold Zingerle (Hg.), Vatikanum II und Modernisierung, 171–187; Ders., Armut. Eine Herausforderung Gottes. Der Glaube des Konzils und die Befreiung des Menschen, Zürich 1990, 96–134; Rainer Bucher, Nur ein Pastoralkonzil? Zum Eigenwert des Zweiten Vatikanischen Konzils, in: Herder-Korrespondenz Spezial „Konzil im Konflikt. 50 Jahre Zweites Vatikanum", Freiburg/Br. 2012, 9–13.

Sie umfasst die gesamte Handlungs- und Erfahrungsseite der Kirche und ist selbst ein theologischer Ort und für die Kirche konstitutiv. Seit „das Zweite Vatikanum gelehrt hat, dass dogmatische Themen ohne Wechselwirkung mit pastoralen Herausforderungen nicht mehr zu bestimmen sind, kann Kirche sich eigentlich nicht mehr auf Tod oder Nichts zurückziehen, um das Ende fester Beziehungen zu behandeln"[19].

Im Umgang mit den völlig neuen Beziehungskonstellationen unserer Gesellschaft zeigt sich, welche Relation zwischen Dogmatik und Pastoral man im Kirchenbegriff ansetzt: Hat die pastorale Erfahrung selbst dogmatisches Gewicht, oder ist sie unerheblich gegenüber der Lehre? Hat die Kirche in ihrer Geschichte auch etwas zu lernen oder nur zu lehren? Haben die Menschen ihr etwas zu sagen, oder braucht sie nicht auf sie zu hören?[20] Das Konzil entscheidet sich grundsätzlich für die erste Alternative, die nachkonziliare katholische Ehe- und Familienlehre nimmt dies, vor allem in ihren kirchenrechtlichen Konsequenzen, weitgehend zurück. Sie billigt der pastoralen Wirklichkeit keine Erschließungskraft für die Lehre zu. Demgegenüber gilt es, so Ottmar Fuchs, „die inhaltliche Botschaft, die von den wiederverheirateten geschiedenen Gläubigen ausgeht, aufzufinden."[21]

Der „willkürliche Gegensatz" von Leben und Lehre „kann nur auftauchen", so der Konzilstheologe M.-D. Chenu 1968, „wenn man in der ‚Lehre' ein Begriffssystem sieht, das in einer Reihe abstrakter Aussagen außerhalb von Raum und Zeit besteht." Mit dem Konzil, speziell der Pastoralkonstitution, sei die „ärgerniserregende und sinnlose Unterscheidung von Lehre und Seelsorge beseitigt". Denn: „Die Theologie ist von ihrem Wesen her pastoral, sie ist das angemessene Nachdenken über die Kirche als Heilsgeschehen, das in seinem tatsächlichen geschichtlichen Ort gesehen wird."[22]

Auswege

Was wäre zu tun? Pastoral kann keine Kompromisse eingehen, wenn es um die Solidarität mit den Leiden und Freuden der Menschen (vgl. *Gaudium et*

[19] Hans-Joachim Sander, Beziehungen enden. Was Gott getrennt hat, daran muss sich der Mensch nicht ketten, in: Konrad Hilpert – Bernhard Laux (Hg.), Leitbild am Ende?, 183–207, 186.

[20] Siehe dazu Hans-Joachim Sander, Theologischer Kommentar zur Pastoralkonstitution über die Kirche in der Welt von heute Gaudium et spes, in: Peter Hünermann – Bernd Jochen Hilberath (Hg.), Herders Theologischer Kommentar zum Zweiten Vatikanischen Konzil, Bd. IV, Freiburg/Br. – Basel – Wien 2005, 581–886.

[21] Fuchs, Nicht pastoraler Kompromiß, 326.

[22] Marie-Dominique Chenu, Volk Gottes in der Welt, Paderborn 1968, 18 f.; siehe zu Chenu die umfassende Studie von Christian Bauer, Ortswechsel der Theologie, 2 Bde., Berlin 2010.

Spes 1) geht – und kaum irgendwo sind heute Freuden und Leiden intensiver und unberechenbarer als in Ehe, Familie und all dem, was um sie herum an Beziehungsformen existiert.[23] Die katholische Kirche hat auch in ihrer Familienpastoral unter heutigen Bedingungen „Zeichen und Werkzeug für die innigste Vereinigung mit Gott wie für die Einheit der ganzen Menschheit" (*Lumen Gentium* 1) zu sein, und darin das „allumfassende Sakrament des Heiles, welches das Geheimnis der Liebe Gottes zu den Menschen zugleich offenbart und verwirklicht" (*Gaudium et Spes* 45).

Katholische Familien- und Ehepastoral hat daher grundsätzlich *allen* Menschen in allen Beziehungs- und Lebenssituationen ihre konkrete Hilfe und Begleitung anzubieten. An vielen Orten der katholischen Ehe- und Familienpastoral, so etwa in den Beratungsstellen der Caritas, in den Bildungsangeboten von Akademien und Familienbildungsstätten, geschieht das auch.[24] Sie verwirklichen, was für alle Orte der Pastoral gelten muss: Nicht die moralische Kommunikation, sondern die pastorale Aktion ist der primäre Zugang der Kirche zu den Menschen von heute. Das setzt die grundsätzlichen Ziele der kirchlichen Lehre nicht außer Kraft, gibt ihnen aber einen neuen Horizont.

Dieser spezifisch konziliare, also pastorale Zugang hätte einige Konsequenzen. Ein heute pastoral kreativer und hilfreicher Diskurs zu den aktuellen Beziehungsrealitäten hätte zuallererst von den tatsächlichen Erfahrungen des Volkes Gottes mit seinen Versuchen, Ehe, Familie, aber auch andere familiennahe Lebensformen zu leben, auszugehen. Das würde zum Beispiel schon zu einer anderen Sprache führen als jener, die den lehramtlichen Diskurs prägt: jene des Rechts und der idealistischen Überhöhung.[25] Und es eröffnete die Chance, zu entdecken, was der Schatz des Glaubens

---

[23] Ehe und Familie sind nicht nur Gegenstand großer Hoffnungen und Sehnsüchte, sie sind auch ein Ort der Gewalt. Vgl. Siegfried Lamnek – Jens Luedtke – Ralf Ottermann – Susanne Vogl, Tatort Familie. Häusliche Gewalt im gesellschaftlichen Kontext, Wiesbaden [3]2012.

[24] Diese Sensibilität schlägt sich auch in halb-offiziösen Texten und Materialien nieder. Vgl. etwa das Themenheft „Ehe-, Familien- und Lebensberatung. Lösungen finden" von „Unsere Seelsorge", hrsg. von der Hauptabteilung Seelsorge im Bischöflichen Generalvikariat Münster, 2008, oder das Heft der Familienstelle der kategorialen Seelsorge der Erzdiözese Wien (Hg.), Aufmerksamkeiten. Handreichung für den Umgang mit Geschiedenen und mit Menschen, die an eine neue Partnerschaft denken und mit der Kirche in Frieden leben wollen, Wien 2007.

[25] Siehe dazu: Regina Ammicht Quinn, Von „Triebtaten" und anderen Problemen. Überlegungen zu Jugendsexualität und Moral, in: Lebendige Seelsorge 60 (2009), 93–99. Ammicht Quinn fordert eine Sprache, die weder „overscripted" ist wie vielfach heute bei Jugendlichen, also zu viele fertige (und ungeprüfte) Vorlagen und Bilder für Sexualität besitzt, aber auch nicht „underscripted" wie bei früheren Generationen, da der innerfamiliäre Sprachraum für Sexualität zwischen Medizindiskurs und Vulgarität letztlich leer und daher verständigungsfrei blieb.

bereithält, um heutige Lebensformen als Segen zu gestalten und mit den unvermeidbaren Sünden, die in ihnen begangen werden, leben zu können. Wurden die Liebenden, wurden die Familien, wurden die Geschiedenen, wurden die homosexuellen Katholikinnen und Katholiken schon gefragt, was ihnen ihr Glauben für ihre Lebensform bedeutet? Es käme darauf an, in wirklich revolutionär neuen Beziehungsgegenden dem Glaubenssinn des Volkes Gottes[26] endlich Raum zu geben.

Neben dem theologiegenerativen Ort der konkreten Beziehungsrealitäten des Volkes Gottes dürfte ein spezifischer Bereich für kirchliche Beziehungspastoral in praktischer Hinsicht enorm relevant sein: das Feld zwischen den vielfach isolierten Paaren und Familien und der therapeutischen Professionalität. Kirche hätte niederschwellige Unterstützungssysteme vor Ort aufzubauen, die den oft überlasteten familiären Systemen den ganzen Schatz der kirchlichen Pastoral als Ressource zur Verfügung stellen sollten: konkrete praktische Hilfe, den Austausch über die eigenen Problemlagen, aber auch die spirituellen Ressourcen unserer Väter und Mütter im Glauben im Umgang mit schwierigen Lebenssituationen. Das gelingt natürlich nur, wenn man nicht normierend und direktiv, sondern in wirklicher Solidarität und Empathie kommuniziert.

Für die wissenschaftliche Theologie bleibt noch ein dritter Versuch: die Neukontextualisierung ihrer traditionellen Lehrstücke. Ein schönes Beispiel bietet Hans-Joachim Sander für die Lehre von der Sakramentalität der Ehe.[27] Sander zeigt auf, wie die bleibende Sakramentalität einer durch das Leben geschiedenen Ehe theologisch-systematisch zu denken wäre, damit sie pastoral produktive Konsequenzen hätte. Sander geht von zwei unbestreitbaren Tatsachen aus: dass es die Scheidung sakramentaler Ehen gibt und dass ihre Sakramentalität auch nach der Scheidung durch den Tod bestehen bleibt. Was aber, so fragt Sander, bewirkt die bleibende Sakramentalität einer Ehe, wenn nicht der Tod, sondern das Leben sie scheidet? Es gelte den „Habitus zu verlassen, der Gott bloß von gelingenden Beziehungen her einführt"[28] und „dem Verzeihen im Ende keinen Raum gibt – weder jenem der Partner noch jenem Gottes über das vor ihm zwar geknüpfte, aber zerrissene Band der Ehe."[29] Gottes „Treue zum Bund der Ehe" jedenfalls lasse „dessen Scheitern nicht außen vor"[30]. Denn „Gottes Präsenz verhindert

[26] Vgl. Dieter Wiederkehr (Hg.), Der Glaubenssinn des Gottesvolkes. Konkurrent oder Partner des Lehramtes?, Freiburg/Br. – Basel – Wien 1994.

[27] Vgl. Sander, Beziehungen enden.

[28] Sander, Beziehungen enden, 198.

[29] Sander, Beziehungen enden, 189.

[30] Sander, Beziehungen enden, 198.

das Scheitern nicht, sondern begleitet es."[31] Die Kirche dürfe Trennung schwer machen und auf einem ehrlichen Verzeihen bestehen, „aber sie muss ebenso den Betroffenen das Leben ihrer Trennung leicht machen, indem sie sich als Ort der Verzeihung anbietet."[32]

Man könnte zudem versuchen, Sinn und Bedeutung der klassischen Ehezwecklehre neu zu entdecken. Das würde bedeuten, auf die klassischen Stichworte der alten Ehezwecklehre zurückzugreifen, sie aber grundlegend neu zu kontextualisieren. Diese Neukontextualisierung hätte sie vor allem in den Kontext der realen Praktiken des Volkes Gottes heute zu verlagern. Sie würden dann nicht Ehe-„Zwecke", sondern notwendige Erfahrungs- und Bewährungsfelder von Ehe und Familie benennen.

Nun hat die Ehezwecklehre seit Augustinus ein klassisches Profil. Es ist in den drei „Ehezwecken" „fides", „proles", „sacramentum" zusammengefasst: also Treue, Nachkommen und Sakrament.[33] Neukontextualisiert in den Erfahrungen des Volkes Gottes könnte dieser alte Diskurs unter Umständen Kreativität entwickeln, wenn er situativ mit konkreten Lebenslagen Betroffener in Kontakt gebracht wird und man deren Intuitionen traut. Die hier vorgeschlagene Neuformatierung der Ehezwecklehre würde in den klassischen Ehezwecken eben nicht Zwecke sehen, sondern *unausweichliche Erfahrungs- und Herausforderungsorte* familiärer menschlicher Nahbeziehungen und darin zugleich mögliche Orte der Entdeckung der Bedeutung der christlichen Botschaft in einer der prekärsten Zonen menschlicher Existenz.

Der „Ehezweck" „proles", also Nachkommenschaft, würde dann nicht länger verstanden als „Zweck" der einzig als „remedium concupiscentiae" erlaubten ehelichen Sexualität, sondern als die ebenso glückliche wie irritierende wie herausfordernde *Erfahrung der Elternschaft.* Was sie heute genau bedeutet, wäre in den Erfahrungen von Eltern *heute* zu eruieren und zu beschreiben. Zugleich wäre zu fragen, was die christliche Botschaft zur Entdeckung und Gestaltung dieser Erfahrung beizutragen hat und wie umgekehrt an ihr Sinn und Bedeutung christlicher Glaubensinhalte sich erschließen.

Denn Elternschaft ist, besonders in nach-patriarchalen Zeiten, die sehr spezifische Erfahrung einer Verantwortung, der man nicht ausweichen

---

[31] Sander, Beziehungen enden, 194.

[32] Sander, Beziehungen enden, 202.

[33] Bekanntlich gab es vor dem II. Vatikanum eine lange Diskussion über deren interne Hierarchisierung, die allgemein zu Gunsten der Zeugung als „*finis primarius*" entschieden wurde. Zur nachkonziliaren Diskussion siehe: Klaus Lüdicke, Eine Wiedergeburt der Ehezwecke?, in: Theologische Revue 92 (1996), 449–460; Ders., Die Ehezwecke im nachkonziliaren Eherecht – Wunsch und Wirklichkeit, in: De Processibus matrimonialibus 3 (1996), 39–58.

kann, für Menschen, die man nicht beherrscht. Es ist die Erfahrung, für etwas verantwortlich zu sein, für das man biologisch und sozial auch tatsächlich verantwortlich ist, auf das man aber nicht wirklich umfassend und vor allem immer weniger Einfluss nehmen und das man schon gar nicht kontrollieren kann. Mit anderen Worten: Es ist eine Erfahrung der Demut. Elternschaft ist eine Beziehung größter Intensität, und wie jede intensive und nicht regionalisierte, sondern tendenziell inklusive Beziehung konfrontiert sie mit den zentralen Polaritäten des eigenen Lebens: mit der Polarität von Macht und Ohnmacht, von Freude und Leid, von Nähe und Distanz, von Verantwortung und Scheitern vor Verantwortung.

Kann all dies, oder Ähnliches, oder Anderes, jedenfalls mit Elternschaft Verbundenes an kirchlichen Orten in Kontakt, Kontrast, Verbindung gebracht werden mit der Botschaft Jesu? Kann man an kirchlichen Orten Trost und Hilfe finden, wenn es nicht gelingt? Gibt es überhaupt offene und ehrliche Diskurse darüber? Und das dann vielleicht wirklich im Horizont eines Gottes, von dem Christen glauben, dass er Kind wurde, sich auch mit den Kindern besonders identifiziert[34] und gleichzeitig der Vater aller ist?

Auch die Sehnsucht nach dem „Gut der Treue" wie die Schwere seiner Realisierung ist groß. „Der Traum von der Treue"[35] wird nach wie vor geträumt, die Schlösser an diversen Brücken und vor allem die in den Fluss geworfenen Schlüssel sind hierfür nur die neuesten Symbole. Die „sukzessive oder serielle Monogamie"[36] bei permanentem prekären Aushandlungsrisiko kann als Zentralbefund heutiger Beziehungsrealität gelten.

Was heißt Treue, was heißt treue Lebensgemeinschaft in Zeiten notwendig individualisierter Lebensführung? Bietet die Kirche Orte, wo dies, nicht erst im Falle der Krise, sondern im Normalfall besprochen und wichtiger noch – gelebt und entdeckt werden kann? Gibt es Experimentierorte für neue Lebensformen in der Kirche? Und: Welche Lehre unseres Glaubens hilft dies zu verstehen und zu leben und welche Lehre unseres Glaubens eröffnet Sinn und Bedeutung dieser Erfahrung?

Wo werden die konkreten Zusammenlebensprobleme von Partnern und Familien besprochen? Und: Gilt die Botschaft der Liebe und der Treue nur

---

[34] Was zu einer spezifischen Kinderschutztradition im Christentum führte: vgl. Hubertus Lutterbach, Kinder und Christentum. Kulturgeschichtliche Perspektiven auf Schutz, Bildung und Partizipation von Kindern zwischen Antike und Gegenwart, Stuttgart 2010.

[35] So auch die Titelstory der liberalen ZEIT am 7. April 2011.

[36] „Aufgrund der hohen Scheidungszahlen findet sich (…) ein Wandel vom Muster der permanenten Monogamie zur Monogamie auf Raten (‚Fortsetzungsehen' oder ‚Folgeehen'…)" (Peuckert, Familienformen im sozialen Wandel, 25). „Allerdings gibt es neben dem Alleinwohnen (evtl. mit Kindern) noch weitere Alternativen zur Wiederheirat: die nichteheliche Lebensgemeinschaft und das ‚living apart together'" (209). Diese „serielle Monogamie" ist nicht zuletzt Folge der gestiegenen emotionalen Ansprüche an die Ehe.

innerhalb der Idealform Ehe? Wo ein vermachteter, verrechtlichter Diskurs über all diese Themen in der Kirche dominiert, gibt es zu wenige Orte, wo das Volk Gottes erkunden kann, was die Botschaft Jesu für die Treue und die Kreativität der Ehe und des Zusammenlebens heute bedeutet.

Und dann bleibt ein Letztes: „*sacramentum*". Augustinus meinte damit einerseits das Eheversprechen in Analogie zum Treueversprechen gegenüber Gott in der Taufe und andererseits war ihm die Liebe der Ehegatten zueinander ein Zeichen auf das Mysterium der Liebe Christi zu seiner Kirche, inklusive von deren Unkündbarkeit.

Auf der Basis des Ursakraments, das Jesus Christus ist, und des sakramentalen Grundauftrags der Kirche, Zeichen und Werkzeug der Liebe Gottes zu den Menschen zu sein (*Gaudium et Spes* 45), gibt es einen sakramentalen Auftrag der Kirche für alle Menschen und für jene, die sich lieben, allemal; für jene, die in ihrer Liebe gescheitert sind, aber ganz besonders. Denn das Christentum ist eine gute Botschaft besonders für die Leidenden.

Notwendig wäre eine *Pastoral der Lebensformen;* das hieße für kirchliches Handeln, Menschen zu helfen, die Liebe an einem ihrer schönsten und ekstatischsten, gefährdetsten und unvermeidlichsten Orte zu leben. Es hieße, ihnen zu helfen, die eigene Lieblosigkeit und jene des Partners auszuhalten; es hieße, ihnen zu helfen, verzeihen zu können und Verzeihung annehmen zu können; es hieße, ihnen zu helfen, sich der eigenen Schuld zu stellen, dem anderen nie das geben zu können, was er verdient und was man sich von ihm paradoxerweise erhofft. Und es hieße das, wofür man steht, Treue, Kreativität und den Glauben an die Unverbrüchlichkeit von Gottes Liebe, in heutigen Zeiten und ihren Lebensformen zu entdecken: für sie, mit ihnen, in ihnen.

Solidarische und solidarisierende Familienpastoral

Ottmar Fuchs, Tübingen / Lichtenfels

Transformationen

Gab es wohl schon immer verschwiegene oder verdrängte Verwerfungen von Ehe- und Familienverhältnissen, so ist seit einigen Jahrzehnten eine rasante öffentliche Verflüssigung des Ehe- und Familienbegriffs innerhalb der Gesellschaft im Gang. So spricht man von familialen und eheähnlichen Lebensformen[1] und offensichtlich möchte man die Begriffe von Ehe und Familie nicht aufgeben, sondern zu einem Dachbegriff für unterschiedliche Lebensformen im soziologischen Mikrobereich retten. Dahinter stehen ganz bestimmte sozialpolitische Interessen, nämlich den Rechts- und Sozialschutz, den Ehe und Familie in unserer Gesellschaft genießen, auch auf die diesbezüglich ähnlichen Lebensformen auszuweiten. Dies gilt besonders für die von gleichgeschlechtlichen Partnern gewünschte Eheinstitution als politischen Ausdruck der zivilrechtlichen Gleichstellung ihres Treuebundes. Der von christlichen homosexuellen PartnerInnen gewünschte Segen der Kirchen ist ebenfalls Ausdruck einer ungebrochenen religiösen Hochschätzung der Ehe wie sie bei heterogeschlechtlichen PartnerInnen ihresgleichen sucht.

Unter Familie verstehe ich also die kleinere Familie von Eltern und Kindern und beziehe aber auch jene Erwachsenen-Kinder-Verhältnisse in diesen Begriff mit ein, in denen es nur einen Elternteil gibt, in denen Pflegeeltern bzw. Adoptiveltern in der entsprechenden Verantwortung stehen bis hin zu gleichgeschlechtlichen Elternpaaren. Auch die Sozialformen zwischen erwachsenen „Kindern“ und ihren (auch pflegebedürftigen) Eltern bzw. zwischen Enkeln und Großeltern gehören hierher. Ich gehe also davon aus, dass sich die fluide Gestalt der „Familie“ in unterschiedlichen Konstellationen zeigt. Gestaltgebend ist immer ein ursprüngliches Zuneigungs- und relativ dauerhaftes Verantwortungsverhältnis zwischen den Verbundenen.

Mit dem Bestreben, den Würdebegriff der Familie für die je eigene Lebensform zu beanspruchen und nicht aufgeben zu wollen, auch wenn ihre

[1] Vgl. Rat der Evangelischen Kirche in Deutschland, Zwischen Autonomie und Angewiesenheit: Familie als verlässliche Gemeinschaft stärken. Eine Orientierungshilfe, Gütersloh 2013, 56–57. Vgl. auch Bischofssynode, III. Außerordentliche Versammlung, Die pastoralen Herausforderungen der Familie im Kontext der Evangelisierung. Vorbereitungsdokument, Vatikanstaat 2013, Kap. I.

klassischen bzw. „intakten" Formen nicht gegeben sind, kommt auch der inhaltliche Kern zum Ausdruck, der nach wie vor mit diesen Lebensformen verbunden wird, nämlich verlässliche emotionale Vertrautheit und belastbare Solidarität zwischen Menschen und Generationen.[2] Man beansprucht also den alten Titel nicht formal, sondern aus dem inhaltlichen Bestreben heraus, dass es sich hier um qualitativ gleichwertige Verbindungen handelt. Es ist das Insistieren auf der Wertorientierung, dass es sich um solche Vertrautheit und Solidarität handelt: „Verantwortungsbereitschaft, Verlässlichkeit und gegenseitige Fürsorge"[3]

Die Wunschbilder, die sich mit den Begriffen von Familie und Ehe verbunden haben und verbinden, bleiben auch noch in ihren anderen Manifestationen wirksam. Gerade weil Ehen empirisch so gefährdet sind, steigern sich die Idealbilder und die Sehnsucht danach, dass die Liebe ein Leben lang hält: „Der Wunsch und das Ziel, in ein beständiges, liebevolles und intimes Netz von Beziehungen zwischen Geschlechtern und Generationen eingebettet zu sein und dieses in immer erneuerten, blinden und stürmischen oder überlegten und zähen Anläufen zu verwirklichen."[4] Diese Beständigkeit des Ideals verstärkt allerdings die Probleme[5], wenn es zum Zerbrechen der Ideale und zum Scheitern kommt. Denn Letzteres wird gerade dadurch beschleunigt, dass sich die diesbezüglichen Hoffnungen fast nur auf den privaten Bereich konzentrieren und so wenig im Blick haben, dass die Familie soziale Netze braucht, in denen sie unterstützt wird.

Auch Treue bleibt weiterhin eine maßgebliches, wenn auch flexibles Motiv: bei Misslingen in der Ehe verschiebt und konzentriert sie sich auf die unauflösliche Elternschaft, in der beide Elternteile, obgleich sie sich getrennt haben, gemeinsam für das Wohl ihrer Kinder sorgen und eintreten. Die Treue, bis zur Unauflöslichkeit, fächert sich also auf in eine differenzierte Verantwortung und Fürsorge füreinander, für die Kinder, von den Kindern her wieder für die Eltern und Großeltern usw. Familienähnliche Lebens-

[2] Vgl. den Beitrag von Michael Schüßler in diesem Band. Vgl. auch Ottmar Fuchs, Die christliche Familie zwischen Überforderung und Bezichtigung, in: Erich Garhammer u. a. (Hg.), ... und führe uns in Versöhnung. Zur Theologie und Praxis einer christlichen Grunddimension, München 1990, 315-355; Ders., Familie und Gemeinde: Vertrauensquellen überbrückender Liebe?, in: Theologische Quartalschrift 191 (2011) 1, 25-45.

[3] Vgl. Rat der Evangelischen Kirche, Autonomie und Angewiesenheit 60-61. Vgl. auch Alexander Foitzik, Kulturkampf um Ehe und Familie, in: Herder Korrespondenz 67 (2013) 9, 433-435, 434.

[4] Peter Gross, Die Wiederentdeckung der Familie, in: Universitäre Erwachsenenbildung Bamberg (Hg.), Familie auf dem Prüfstand, Bamberg 1984, 14-35, 28, vgl. auch 29-30.

[5] Zur im kirchlichen Bereich noch zusätzlichen religiösen Idealisierung der Familie vgl. Ottmar Fuchs, Die christliche Familie: Stigmatisiert durch Beschuldigung und Überforderung, in: Ders., Im Brennpunkt: Stigma. Gezeichnete brauchen Beistand, Frankfurt a.M. 1993, 61-101, 61-62.

formen finden sich auch in anderen Verantwortungsbereichen, z. B. von Geschwistern oder befreundeten Personen behinderten oder älteren Menschen gegenüber, bis hin zur Pflege und zur Sterbebegleitung.

Vom Gottesplan zum Evangelium

1981 hatte Johannes Paul II. im Apostolischen Schreiben „*Familiaris Consortio*" das Anliegen formuliert: „In einem geschichtlichen Augenblick, in dem die Familie Ziel von zahlreichen Kräften ist, die sie zu zerstören oder jedenfalls zu entstellen trachten, ist sich die Kirche bewusst, dass das Wohl der Gesellschaft und ihr eigenes mit dem der Familie eng verbunden ist, und fühlt umso stärker und drängender ihre Sendung, allen den Plan Gottes für Ehe und Familie zu verkünden, um deren volle Lebenskraft und menschliche-christliche Entfaltung zu sichern, und so zur Erneuerung der Gesellschaft und des Volkes Gottes beizutragen".[6] Die Pastoral besteht hier im Gehorsam gegenüber dem moralischen Plan Gottes.

Anders klingen da die Ausführungen über die heiklen „Familienfragen" von Kardinal Walter Kasper 2014 vor der Kurie, womit er im Bereich der Kirchenleitung eine Veränderung der bisherigen Sichtweise eingeläutet hat, wie sie vor allem in dem programmatischen Satz zum Ausdruck kommt: „Das Thema lautet nicht: Die Lehre der Kirche von der Familie. Sondern: Das Evangelium von der Familie."[7] Wenn es um das Evangelium geht, dann geht es nicht zuerst um die Vorschrift, was als Familie und Ehe zu gelten habe, sondern darum, das Evangelium mit den *bestehenden* Formen der Familie in Verbindung sein zu lassen, über sog. Intaktheit und Nichtin taktheit hinaus, quer dazu verlaufend und diese Kategorien aus den Angeln hebend. Es gilt, in allen gegenwärtigen Formen von Familie jene Wertorientierungen und Erfahrungen möglich und stark zu machen, die der Kirche aufgrund ihrer Botschaft wichtig sind. Aus der Perspektive des Evangeliums ist erst einmal die Wirklichkeit wahrzunehmen und zugleich kann nichts davon aus der pastoralen Verantwortung ausgegrenzt werden. Diese Verantwortung hat zwei Anteile, die sich gegenseitig bedingen und befruchten: einmal den Anteil der Unterstützung und Lebenshilfe, zum anderen den Anteil konstruktiver Kritik[8], denn alle Lebensformen sind inhaltlich zu re-

[6] Johannes Paul II., Apostolisches Schreiben zur „Ehe und Familie in der Welt von heute", Bonn 1981, Ziffer 3.

[7] Vgl. Evelyn Finger, Der Vordenker, in: Die Zeit (27.02.2014) Nr. 10 58; Vgl. Walter Kasper, Das Evangelium von der Familie. Die Rede vor dem Konsistorium, Freiburg i.B. 2014.

[8] Vgl. David Cooper, Der Tod der Familie, Reinbek 1972; Vgl. dazu Fuchs, Familie stigmatisiert 61-77.

lativieren.[9] Beides vollzieht sich im reziproken Austausch der Beteiligten. Denn auch die familialen Praxisformen können für kirchliche Manifestationen unterstützend und kritisch sein.

Dass all diese familialen Lebensformen das werden können, was das Evangelium gibt und aufgibt, nämlich Solidarisierungsorte nach innen und nach außen, dies ist die Kernaufgabe der Pastoral. Sie hat sich also davor zu hüten, eheliche und familiare Lebensformen morallehrmäßig zu zensieren und von daher inhaltlich zu bewerten, sondern darauf zu schauen, was in diesen Beziehungen ersehnt und gelebt wird und dafür Sorge zu tragen, diese in Richtung auf Solidaritätsfähigkeit nach innen und nach außen zu unterstützen und herauszufordern. Die klassischen Formen von Ehe und Familie garantieren nicht ihre inhaltliche Ausrichtung, vielmehr sind es die inhaltlichen Faktoren, die quer durch die Formen zu erfragen und zu gestalten sind.

So begebe ich mich auf die Suche nach dem theologischen „Herz" der Familie in der Vielfalt ihrer aktuellen Lebensformen. Ein entsprechender Blick in die Bibel (siehe folgenden Abschnitt) zeigt, wenn auch in anderen kulturellen und religiösen Kontexten: Gott lässt sich auf die vorhandenen Familienverhältnisse ein und provoziert selbst ihre Komplexität.

Das hermeneutische Problem stellt sich angesichts der Frage nach der Bedeutung des biblischen Befundes für eine Gegenwart, in der unter dem Stichpunkt des Funktionsverlustes der Familie letztere längst eine Menge von jener Sozialisierungskraft verloren hat, die sie offensichtlich in der Antike hatte. Gleichwohl kann man Problemanalogien, neutraler formuliert Konstellationsanalogien, und ihre inhaltlichen Herausforderungen zwischen damals und heute entdecken. So begnügt man sich weder mit ungeerdeten Wesensbeschreibungen noch mit gegenwärtigen soziologischen Analysen, die dann eine übergewichtige normative Kraft erhalten.

Versteht man dabei die Begegnung mit biblischen Texten und überhaupt mit der Vergangenheit auch als eine diachrone interkulturelle Begegnung, dann stellt sich die Frage nach der Bedeutung der damaligen kulturellen Verhältnisse für unsere Gegenwart noch einmal anders: nämlich inwieweit nicht bestimmte soziale und kulturelle Voraussetzungen, die es damals gab und die damals für die Verkündigung des Evangeliums wichtig waren, auch heute gegen manchen Trend zu stützen und zu verstärken sind, damit das Reich Gottes eine gesteigerte Erfahrungsbasis auch in der Gegenwart hat. Dies gilt zum Beispiel für das Kulturem der Gastfreundschaft oder für die

[9] Vgl. Stephanie Klein, Ehe und Familie zwischen Idealisierung, Geringschätzung und Alltagswirklichkeit: Ansätze zu einem neuen theologischen Verständnis der Vielfalt der Lebensformen, in: Intams review 18, 134-146, 144.

Naturbilder, die Jesus in seinen Gleichnissen gebraucht, und deren Bedeutung in der Gegenwart verkarstet, wenn es für diese Bilder keine Realerfahrungen mehr gibt.[10] In diesem praktisch-hermeneutischen Horizont könnte man auf die Idee kommen, zwar die gegenwärtigen Entwicklungen nicht zu übersehen, aber in ihnen jene Potenzen aufzusuchen und zu erweitern, die sowohl der Vermenschlichung der Gesellschaft wie auch der besseren Basis für die Erfahrung des Evangeliums dienen.[11]

Planlose „Familie" in der Bibel

Es ist zunächst eine entlastende Einsicht: der Vielfalt und Gebrochenheit gegenwärtiger Familienformen und familienähnlicher Sozialgestalten steht durchaus eine ähnliche Vielfalt in der Bibel gegenüber.[12] Neben sog. „intakten" Familien gibt es auch in der Bibel Familienformen, die alles andere als „regulär" sind. Aus christlicher Perspektive beginnt dies bereits mit der „Heiligen Familie", die zwar heilig, aber nicht intakt ist. Heilig ist hier vielmehr die Durchbrechung des Normalen, die bis auf die Beziehungen durchschlägt, die ansonsten kaum als Leitbild kirchlicher Familiengestaltung wahrgenommen werden können. Josef muss sich auf ein uneheliches Kind einlassen, und es braucht außerordentliche Träume, damit er es kann. Sie sind Flüchtlinge. Maria muss sich auf einen Sohn einlassen, der einen Aussteigerweg wählt.[13]

Etliche Künstler haben ähnliche Spannungen geahnt und zum Ausdruck gebracht: El Grecos Gemälde „Die Heilige Familie mit der Heiligen Anna" (1595)[14] zeigt auf dem wunderschönen Gesicht der Maria eher kühles Einverständnis als einfühlsame Liebe; Josef zu ihrer Linken, distanzschaffend eingewickelt in ein dunkelgelbes Gewand, schaut fragend, skeptisch auf das Kind und wäre ganz unbeteiligt, würde er nicht mit seiner linken Hand wenigstens den Fuß des Kindes berühren. Auch Anna, zur Rechten der Maria, schaut wenig erfreut, eher gramgebeugt, fast düster auf das Kind, und berührt seinen Hinterkopf kaum. Am schlimmsten schaut das Jesuskind

[10] Vgl. zu dieser interkulturellen Hermeneutik Ottmar Fuchs, Praktische Hermeneutik der Heiligen Schrift, Stuttgart 2004, 210-220; auch 321-356.

[11] Vgl. Jürgen Werbick, Familie – Vorsorgungs- und Genussgemeinschaft oder Zeugniswirklichkeit?, in: Gottfried Bachl (Hg.), Familie leben. Herausforderungen für kirchliche Lehre und Praxis, Düsseldorf 1995, 150-169.

[12] Vgl. Klein, Ehe und Familie, 140.

[13] Vgl. Sonja Strube, Die Mutter, die den verrückten Aussteiger-Sohn in die Familie heimholen will, in: Anneliese Hecht (Hg.), Maria – Mutter Jesu, Stuttgart 2007, 17-26.

[14] Im Museum Hospital Tavera in Toledo.

selbst, an der Brust der Mutter, mit nacktem Unterleib, mit entsetztem Gesichtsausdruck, als wollte es sich wegdrücken.

Ähnliche Spannungen drückt das Bild von der Heiligen Familie des Künstlers Andrea del Sarto aus.[15] Hier schaut niemand den andern an. Das Jesuskind, auf dem Schoß der Maria, wendet sich von ihr weg, schaut düster nach unten. Auf eine imaginäre Stelle rechts unten außerhalb des Bildes. Maria blickt nicht auf Jesus, sondern in die gleiche Richtung. Bei Josef sieht man nicht genau wohin er blickt. Seine Augen sind verschattet. Er sitzt distanziert neben den beiden, hält sich grüblerisch das Kinn und schaut an den beiden vorbei nach unten. Hier kommen viele Spannungen zum Ausdruck, Sorge, Trauer, Niedergedrücktheit, Unbeteiligtsein und Resignation. Heil ist diese Familienwelt jedenfalls nicht. Alle drei machen den Eindruck, als hätten sie eigentlich etwas ganz anderes vor.

Ähnlich Sperriges und Ambivalentes gibt es hinsichtlich anderer, durchaus prominenter Familiengeschichten in der Bibel. Abgesehen von den kulturbedingten (zum Beispiel patriarchalen) Ambivalenzen kommt darin alles vor, was sich Menschen an Gutem und Schlechtem antun können. „Biblische Texte zeichnen kein geschöntes Bild vom Familienleben. Familien sind Orte, wo gelingende Beziehungen erlebt werden können, Menschen sich gegenseitig unterstützen, miteinander lachen und weinen, sich lieben und Geborgenheit erfahren. Sie sind aber auch Orte, wo miteinander gestritten wird, wo Neid, Eifersucht, Abwertung, verletzende Gleichgültigkeit oder sogar blanker Hass erfahren werden kann.“[16] Mord und Totschlag begegnen genauso wie tiefe Erfahrungen von Liebe und Solidarität, letztere auch über bestehende Grenzen hinweg, wie in der Überschreitung der Grenze zwischen Innen und Außen, zwischen Volkszugehörigkeit und Fremden. Hierfür steht besonders das Buch Ruth.

Jesus radikalisiert in den Evangelien etwas, was in der jüdischen Familie spätestens seit dem Exil[17] hinsichtlich des darin selbstverständlich mitgedachten Verbindung von Familie und jüdischer Tradition immer schon implizit enthalten war: Nämlich dass der Selbstvollzug der Familie in diesem Zusammenhang inhaltlich orientiert ist, indem er sich auf den jüdischen Glauben bezieht und die jüdische Identität prägt und sichert. Denn Jesus

---

[15] Andrea del Sarto: Die Heilige Familie mit Josef, Maria und dem Jesuskind, um 1528, in der Galleria Nazionale D‘Arte Antica in Rom.

[16] Elke Seifert, Familien in der Bibel: Orte von Heil und Unheil, in: Anneliese Hecht (Hg.), Familienbande. Mütter, Väter, Söhne, Töchter, Stuttgart 2009, 10-18.

[17] Vgl. Frank-Lothar Hossfeld, Die alttestamentliche Familie vor Gott, in: Freude am Gottesdienst, Stuttgart 1983, 217-228, 252; Vgl. auch Hans-Josef Klauck, Die Familie im Neuen Testament, in: Gottfried Bachl (Hg.), Familie leben. Herausforderungen für kirchliche Lehre und Praxis, Düsseldorf 1995, 9-36, 12.

thematisiert von seiner Botschaft her die mögliche Spannung, die Differenz zwischen Familie und Glaube, zwischen Haus und Reich Gottes. So ist es notwendig, die Jünger zur Hausmission auszusenden, damit sie dort Frieden wünschen und die Nähe des Reiches Gottes durch Heilungen und durch das Wort ankündigen (vgl. Mk 6,7-13).

Am schärfsten kommt diese mögliche Differenz im Verhältnis Jesu zu seiner eigenen Familie zum Vorschein, die ihn aufgrund seiner abweichenden Botschaft und seines Verhaltens für verrückt hält (vgl. Mk 3,21) und der gegenüber er deutlich macht, dass vom Reich Gottes her nur diejenigen Brüder, Mutter und Schwester sein können, die den Willen Gottes tun (vgl. Mk 3,31-35). Man könnte hinzufügen: Erst wenn die wirklichen Eltern und Geschwister sich in dieses Reich Gottes hineinbegeben, sind die Familienbande auch inhaltlich gute Bande, was sich bis in die Eschatologie hinein zeigt, wo sich, wie in den apokalyptischen Texten (vgl. Lk 12,52 f.), am Ende auch die Familien um Gottes Willen entzweien werden.

Ob Jesus also familienfreundlich oder familienkritisch ist, entscheidet sich nicht naturalistisch, sondern im vollen Sinn des Wortes gottbezogen also theologisch. Auch die metaphorische Rede Jesu hinsichtlich seiner Gottesbeziehung bleibt nicht ohne Bruch, weil Gott sich selbst nicht als solidarisch erweist: „Im neuen Testament können wir aus Jesu Anrede Gottes als ‚Vater' seine enge Bindung zu Gott heraushören, umso berührender ist Jesu Verzweiflungsschrei am Kreuz ‚Mein Gott, mein Gott, warum hast Du mich verlassen?' (Mk 15, 34)."[18]

In den Evangelien verschärft sich also angesichts der Reich-Gottes-Botschaft die Ambivalenzträchtigkeit der Familie so sehr, dass es zu Spaltungen kommt. „Die Familie wird durch die Botschaft Jesu nicht gestärkt, sondern durch Spaltung bedroht."[19]

Dieser Trend setzt sich fort in der paulinischen Mission. *Einmal darin*, dass man gar nicht anders kann, als auf die primären Sozialstrukturen einzugehen, nämlich die Familienökonomien, die die Basis der Gemeindebildung wurden. Die Gemeinde entsteht im Haus, insofern „ein Wohnhaus mit einer Familie als hartem Kern zum Zentrum der Gemeindebildung wird."[20] Zum Haus gehören nicht nur die Familienglieder sondern auch alle, die zur gesamten Ökonomie gehören wie zum Beispiel die Sklaven und Sklavinnen. Der Kern ist hier die gastgebende Hausfamilie mit Gastgeber oder Gastgeberin, die dann auch die Leitung der Herrenmahlgemeinde innehaben, doch gehören dazu im Sinne der antiken Gastfreundschaft wenige

[18] Ebd., 12.
[19] Ebd., 14.
[20] Ebd., 25.

oder auch mehrere Menschen aus der Umgebung oder aus der Bekannt- und Freundschaft des Hauses, die die Hausfamilie zur Hausgemeinde werden lassen.[21] Vor allem kamen auch jene von außen, die aus Kleinfamilien kamen, keine größeren Gebäude hatten und eher zu der Schicht der Armen gehörten.

Es ist von elementarer Bedeutung für die Attraktivität der frühen Kirche, dass die christliche Hausgemeinde derart unterschiedliche soziale Schichten im gemeinsamen Herrenmahl zu verbinden vermochte, was ja dann auch zu entsprechenden Konflikten führte (vgl. 1Kor 11,17-22). Hier zeigt sich auch der *kritische Anteil* dieser Inkulturationsleistung, nämlich dass die christliche Hausgemeinde bestehende soziale und kulturelle Verhältnisse unterläuft und zumindest ansatzhaft neue Perspektiven und Grenzlinien einbringt (vgl. 1Kor 12,12-13).[22] Nicht zuletzt die Haustafeln sprechen eine kritische Sprache gegen bestehende Handlungsweisen im Zusammenhang mit der Familie.[23]

Zusammenfassend kann man den neutestamentlichen Befund[24] zu unserer Spurensuche mit Hans-Josef Klauck wie folgt zusammenfassen: „Die radikalen Worte fallen vor allem dort, wo die Familienbande mit etwas anderem, Größerem in Konflikt geraten, mit Jesu Predigt von der Gottesherrschaft.“[25] Gleichwohl bleiben insbesondere für die Mission Familie und Gemeinde aufeinander angewiesen und verwiesen. „Das Verhältnis von Gemeinde und Familie war schon im Urchristentum keine Einbahnstraße, sondern der Verkehr ging hin und her: von der Familie zur Gemeinde und von der Gemeinde zur Familie, deren Leben sich mit neuem Inhalt füllte.“[26]

Man wird also gerade durch den Blick in die Bibel davor gewarnt sein, die Gutheit der Familie mit ihrer Normalität gleichzusetzen oder umgekehrt nicht intakte Familien unter den Verdacht zu stellen, weniger gut als die normalen zu sein. An den unordentlichen und schwierigen Erscheinungsformen der Familie in der Bibel wird deutlich, dass die Bibel weder idealistisch noch unschuldig gelesen werden kann. Gott hat hier mit widersprüchlichen Familienformen zu tun und zögert auch selber nicht, ihre Ordnungen zu dekonstruieren. Mit dieser Einsicht gehe ich in die Gegenwart!

---

[21] Vgl. ebd., 24-25.

[22] Vgl. Alain Badiou, Paulus – Die Begründung des Universalismus, München 2002, 191–193.

[23] Vgl. Klauck, Familie, 28 f.

[24] Vgl. zur weiteren Entwicklung bis in die Gegenwart: Andreas Holzem, Ehe, Familie und Verwandtschaft als religiöser Lebensraum, in: Theologische Quartalschrift 191 (2011) 1, 3-24.

[25] Klauck, Familie, 35.

[26] Ebd., 36.

Ehe als Sakrament

Nimmt man die Symbolpraxis der sakramentalen Liturgie, neben der Bibel und neben den Texten der Tradition, als inhaltlich-konstitutiven Horizont von Pastoral und Pastoraltheologie, dann zeigt gerade der feierliche Trauungssegen bei der Feier der Trauung eine Theologie auf, die die Generativität des Sakramentes über sich selbst hinaus verdeutlicht. So heißt es hier: „Wir preisen Dich, Gott, unser Schöpfer, denn im Anfang hast Du alles ins Dasein gerufen. Den Menschen hast Du erschaffen als Mann und Frau und ihre Gemeinschaft gesegnet." Schöpfungstheologisch ist also diese Gemeinschaft bereits gesegnet, also von Gott gnadenhaft getragen. Die Ehe von Mann und Frau ist für alle Menschen, die nicht in der Formpflicht der Kirche stehen, eine gültige Ehe, aber nicht nur gültig, sondern eben auch gesegnet und damit ereignet sie sich auch als quasisakramentales Gnadengeschehen. Und dieses ereignet sich, wie die Schöpfung, durch Christus. Die Gnadenordnung reicht tief in die Schöpfungsordnung hinein. Es gibt also schon schöpfungstheologisch einen Vorhof des Sakramentalen, der auch liturgisch als entsprechende „Sakramentalie" einzuholen und zu feiern wäre. Denn das Paschamysterium, Kern aller Sakramente, ereignet sich für alle Menschen, und nach dem Kolosserbrief ist die ganze Schöpfung durch Christus geschaffen (Kol 1,16). Was die kirchliche Tradition natürliche Ehe nennt, ist bereits eine Ehe im Wirkungskreis des Sakramentalen, das mit Christus in der Schöpfung gegeben ist.

Des weiteren folgt der Satz: „Dein Volk hat die Treue gebrochen, doch Du hast es nicht verstoßen. Den Bund hast Du in Jesus Christus erneuert und in seiner Hingabe am Kreuz für immer besiegelt." Begegnet man dem antijüdischen Klang dieser Formulierung mit der Einsicht, dass mit diesem Volk auch das Volk der Kirche gemeint ist und dass der Bund immer nur von Gott selbst durchgehalten wird, so wird hier im Segensgebet jene Wirklichkeit thematisiert, dass Menschen die Treue brechen, und zugleich wird thematisiert, dass Gott seine Treue niemals zurücknimmt.

Was bedeutet dies nun nicht nur für das Volk Israel und für das Volk der Kirche und überhaupt für alle Menschen, sondern für die Eheleute? Gottes Treue wird nicht nur sichtbar darin, wie es den Eheleuten gelingt, die Treue zu halten,[27] sondern auch darin, dass Gott seine Treue niemals zurücknimmt, auch wenn die Eheleute die Treue nicht halten können. Und der

[27] Denn die Treue zu Gott beinhaltet immer auch eine entsprechende Treue im zwischenmenschlichen Bereich und umgekehrt. So heißt es weiter: „Wo Mann und Frau in Liebe zueinander stehen und füreinander sorgen, einander ertragen und verzeihen, wird Deine Treue zu uns sichtbar."

Verweis auf das Kreuz Jesu, auf das Pascha-Mysterium, deutet ebenfalls darauf hin, dass Jesus vom Kreuze her den Sündern und Sünderinnen, den Tätern der Untreue, Gottes Versöhnung zuspricht (vgl. Lk 23,34). Im Segensgebet also wird eigentlich auch dieser doppelte Weg gegangen: einmal die Hoffnung darauf und der Glaube daran, dass sich in der Treue der Eheleute auch die Treue Gottes zu den Menschen widerspiegelt, zum anderen wird aber auch bereits in den Blick genommen: Die derart gelingende Treue der Eheleute verursacht nicht die Treue Gottes, sondern letztere bleibt auch außerhalb ihrer misslingenden Praxis für sie bestehen.

Wir müssen Gott nicht erfahren, damit er existiert. Gott existiert. Wir müssen seine Liebe nicht erleben, damit Gott liebt: er liebt in jedem Fall. Diese Verobjektivierung der Liebe Gottes sichert die Liebe Gottes nicht durch uns, sondern außerhalb von uns, und von daher unverbrüchlich *für* uns. Darin besteht Gottes Absolutheit.[28] Die Ehe steht also nicht unter dem wahnwitzigen Überdruck: wenn die Ehe nicht gelingt, dann geht die Gnade verloren. „Das Band, das Gott um die Brautleute legt, ist kein Joch. Es ist Gottes Treuezusage."[29] Letztere geht nie verloren. Vielmehr gilt, dass diese Gnade in der Gebrochenheit neuer Formen weiterhin für das künftige Leben und für die künftigen Beziehungen wirksam bleibt.

Gott ist mitverantwortlich

In der Tat ist im katholischen Bereich die Ehe deshalb ein Sakrament, weil dieses Band nicht zuerst von den Brautleuten zu leisten ist, sondern von Gott geschenkt ist. Was sich die Brautleute versprechen (in guten und in bösen Tagen), verspricht zuerst Gott den beiden. Diese Zusage konstituiert das Sakrament.[30] Gott sagt sein Jawort zum Jawort der beiden und er allein kann es garantieren. Denn die Brautleute können ihre Zukunft niemals zugriffig in der Hand haben wollen. Und es ist nicht allein ihr Versagen, wenn ihre Treue scheitert, sondern es ist auch ein Versagen Gottes, der seine Treuzusage nicht eingehalten hat. Nicht nur die Eheleute, sondern auch Gott ist diesbezüglich in Verantwortung zu nehmen. Was sich Jesus am Kreuz gegenüber seinem Vater erlaubt, weil dieser ihm so offensichtlich die Treue aufgekündigt hat und ihn verlassen hat, ist auch den Eheleuten in einer gescheiterten Beziehung erlaubt.

[28] Zu diesem Begriff des Absoluten als nicht an menschliche Erfahrung Gebundenes vgl. Quentin Meillassoux, Nach der Endlichkeit, Zürich Berlin 2008, 23, 45.

[29] Vgl. Finger, Der Vordenker, 58.

[30] Von daher ist es nicht ausreichend zu sagen, dass sich die Eheleute das Sakrament selber spenden: Subjekt des Sakramentes ist immer Gott, der alles weitere ermöglicht.

Auch dieses Klage- und Anklagerecht ist ein integraler Bestandteil des Evangeliums, indem wir angesichts von Not und Scheitern Gott selber „ins Gebet“ nehmen dürfen und können. Es ist der klagende Christus selbst, der mit uns genau diese Fragen stellt. Im Geist des Auferstandenen, der mit uns seufzt, wird Gott in das Scheitern mit hinein genommen. Er ist mittendrin in Christus. Er ist mittendrin in der Klage. Die Theologie der Ehe und ihres Scheiterns ist mit der Theologie eines in der Schöpfung gescheiterten Gottes in Verbindung zu bringen. Nicht um das Schlimme, das Menschen sich antun, zu entschuldigen und auf Gott zu schieben, sondern um Gott nicht um seine diesbezügliche Verantwortung zu bringen.

Auch von der biblischen Psalmenspiritualität her darf bedacht und beherzigt werden, dass man aus allen Situationen und Brüchen heraus, auch aus den selbst verschuldeten, in denen menschliches Leben misslingt oder Unglück geschieht, gegen Gott klagen darf. Ohne die Umkehr und Versöhnungsarbeit mit der eigenen Vergangenheit zu schmälern, kann man in dieser Klage neu innewerden, dass sich Gott auch aus der Phase des Misslingens nicht heraushält und darin nahe ist. Zur Entidealisierung nicht nur der christlichen Ehe, sondern auch Gottes gehört, Gottes Verantwortung für das Scheitern ernst zu nehmen, dass Gott biblisch gesehen nicht nur für das Heil, sondern auch für das Unheil in spezifischer Weise verantwortlich bleibt,[31] und dass Gott, so paradox es klingt, gerade auch im Unheil solidarisch nahe bleiben will. Wo Gott die Menschen verlässt, wird er am intensivsten benötigt. Gerade hier hält sich Gott nicht heraus, sondern ist genau so nahe und mitgehend.

Theologische Basis für dieses „Evangelium“ ist die grundlegende Erfahrung: Gott ist nicht nur im Wohlergehen und Heil gegenwärtig, sondern auch im Unheil. Seine als Unheil erfahrbare Abwesenheit wird umfangen von der Hoffnung, dass Gott gerade in den unlösbaren Problemen und Zerrüttungen mitaushält und mitgeht. So ermöglicht der Gottesbegriff den religiösen Diskurs darüber, dass und wo es Gnade im Heil gibt, und zugleich dafür, dass und wo Gnade im Unheil möglich ist. „Seit“ der Menschwerdung Gottes in Christus *ist* „Gott“ die Verbindung von Heil und Unheil. Gott repräsentiert nicht (nur) das Heil gegenüber dem Unheil. Diese Einsicht gipfelt in dem Bild, dass Gott am Kreuz hängt, dass also im schlimmsten Unheil Gott gegenwärtig ist, dieses Unheil aber nicht verewigend, sondern auf das Heil der jetzt noch unsichtbaren Auferstehung öffnend. Diese

[31] Wenn es beim Menschen um Gottesebenbildlichkeit geht, dann befindet sich auch diese im Ausloten jenes Gottes, der Licht und Schatten hat. Doch geschieht dies nicht dualistisch, sondern in der Dynamik der Hoffnung, dass in Gott selbst am Ende aller Schatten vom Licht überstrahlt wird.

Hoffnung gibt der pastoralen Arbeit an den Unheilsorten und gefährdeten Heilsorten einen ermutigenden Ewigkeitswert.[32]

Der biblische Gott hat mit beidem zu tun, nämlich dass er mit dem Leid der Menschen zu tun hat, auch verursachend, und auch mit dem Bösen, es nicht verhindernd.[33] Aber es gibt einen Überhang des guten Gottes, seiner Reue, Treue und der Barmherzigkeit. All das, was Menschen erleben müssen, ist nicht nur ein Riss, sondern bekommt selber noch mal einen Riss auf eine Offenheit hin, und wenn es auch nur das Amossche „vielleicht" (Am 8,2, vgl. auch Joel 2,14) ist: vielleicht gibt es doch eine Rettung. Für dieses Vielleicht steht die Pastoral. Für dieses Vielleicht steht der Gottesbegriff.

Die Antwort des Menschen auf diesen Überhang des guten Gottes ist das Gotteslob, die Doxologie. Sie reicht weit über das hinaus, was gegenwärtig von diesem Gott als vertrauenswürdig erfahren werden kann. Die Doxologie macht diesen Erfahrungsmangel nicht zum Maßstab Gottes selbst, sondern lässt Gott nochmals unendlich größer sein als unsere diesbezüglichen Möglichkeiten und Unmöglichkeiten, und zwar in die Dynamik seiner Güte, Solidarität und Erlösung hinein. Was man nicht verstehen kann, kann man gleichwohl (besonders in den Sakramenten) feiern.

So bewegen wir uns, und lassen uns durchaus hoffnungsvoll bewegen in die Richtung einer Theologie des gescheiterten Gottes, der es nicht verhindert, mit seiner Schöpfung zu scheitern, und der sich auf dieses Scheitern einlässt. Dem Menschen bleibt: Gott zu behaften mit der Verursachung des Scheiterns, zu behaften mit seinem Mitgehen, zu behaften mit seinen Verheißungen auf Rettung.[34]

Walter Kasper hat dies folgendermaßen angedeutet: „Als Abbild Gottes ist die menschliche Liebe etwas Großes und Schönes, aber sie ist nicht selbst göttlich. An dieser Übererwartung scheitern viele Ehen." Die Eheleute bilden also die Treue Gottes nicht ab, und wenn sie hier etwas abbilden, dann auch die Erfahrung der Brüchigkeit der Treue Gottes im menschlichen Leben. Und die darin liegende Erfahrung, dass auch in dieser Brüchigkeit Gott seinen Bund nie aufkündigt. Es reut ihn selbst, wenn er sein Versprechen nicht einlöst.[35] Gott ist nicht unschuldig am Scheitern von Ehen und Familien. Denn auch hier stellt sich die Frage: Warum greift er nicht ein? Warum sorgt er nicht für das Gelingen?

---

[32] Diese Arbeit hat nicht diesen Wert, *weil* sie Ewigkeitswert hat, sondern als solche, nicht instrumentalisierbar, aus sich heraus hat sie diesen Wert.

[33] Vgl. Ottmar Fuchs, Der zerrissene Gott. Das trinitarische Gottesbild in den Brüchen der Welt, Ostfildern 2/2014, 45–80.

[34] Vgl. ebd., 219–225.

[35] Vgl. Jan-Dirk Döhling, Der bewegliche Gott. Eine Untersuchung des Motivs der Reue in der Hebräischen Bibel, Freiburg i. Br. 2009.

Gerade wenn diese Einsicht wächst, dass Gott nicht nur in einer Theologie des Gelingens, sondern auch in einer Theologie des Scheiterns gegenwärtig ist, und dass er immer wieder ohne Unterlass mitgeht, was immer geschehen ist und geschieht – mit den Gelingenden und den Scheiternden, dann wieder Gelingenden und wieder Scheiternden – dann zeigt sich eine noch größere Treue Gottes den Menschen gegenüber, die nicht mit der Bedingung verbunden ist, dass die Menschen die Treue halten. „Der Glaube (...) lässt eine große Berufung entdecken, die Berufung zur Liebe, und er garantiert, dass diese Liebe verlässlich ist und es wert ist, sich ihr zu übereignen, da ihr Fundament auf der Treue Gottes steht, die stärker ist als all unsere Schwäche."[36] Größer als die Treue der Menschen ist die Treue Gottes zu erstbestehenden und auch zu neuen Anläufen von Lebens- und Beziehungsmöglichkeiten. Für die Pastoral ist beides zu beherzigen, gerade weil beides in der Wirklichkeit nicht ineinander aufgeht und zueinander sperrig bleibt.

Es ist die schier unvereinbare Spannung, die im 2. Brief an Timotheus eröffnet wird: „Wenn wir ihn (Christus) verleugnen, wird auch er uns verleugnen. Wenn wir untreu sind, bleibt er doch treu, denn er kann sich selbst nicht verleugnen." (2 Tim 2,12b-13). Der erste Satz gilt insofern, als Christus alle Schuld im Misslingen wahrnimmt und wahrnehmen wird. Nichts, was Leid zugefügt hat, kann jemals vergessen werden. Aber zugleich gilt gerade darin und dem gegenüber, dass Christus selbst niemals in dem Sinn verleugnen kann, dass er seine Treue zurücknimmt, dass er die Schuldigen niemals endgültig mit Gemeinschafts- und Liebesentzug bestraft, sondern sie seiner umso größeren und schmerzhafteren Versöhnungsliebe aussetzt.

Gnadenreiche Pastoral

So werden wir auf der gnadentheologischen Basis, die mit der Sakramentalität der Ehe und mit der generativen Kraft dieser Sakramentalität für ehe- und familienähnliche Lebensformen geschenkt ist, auch die Pastoral familialer und ehelicher bzw. familien- und eheähnlicher Lebensformen zu entwickeln haben. Dies ist möglich auf der Grundlage der Taufe[37] und der

[36] Papst Franziskus, Enzyklika *Lumen fidei*, Nr. 53 (auch zitiert im Vorbereitungsdokument für die Bischofssynode Abschnitt II).

[37] Vgl. Ottmar Fuchs, Taufe und Gemeindeentwicklung. Zur Dialektik von sakramentaler Kirche und kommunikativer Gemeinde im Horizont der Taufe, in: Walter Kasper u. a. (Hg.), Weil Taufe Zukunft gibt, Ostfildern 2011, 34–75. Vgl. Johannes Först - Joachim Kügler (Hg.) Die unbekannte Mehrheit. Mit Taufe, Trauung und Bestattung durchs Leben? Eine empirische Untersuchung zur "Kasualienfrömmigkeit" von KatholikInnen, Münster 2006.

Ursakramentalität Christi für das Heil der Welt. Schon allein die Basis der Taufe als gnadenhafter Einbezug in das priesterliche, prophetische und königliche Amt Christi gibt jeder Gemeinschaft zwischen Getauften eine eigenwertige theologische und ekklesiologische Qualität.[38] Und wenn man dazu bedenkt, dass die Taufe die in der christlichen Offenbarung gegebene unersetzliche Feiergestalt jener Geburtsgnade ist, in der alle Menschen schon allein aufgrund ihrer Geburt vom Schöpfer unbedingt erwünscht, ersehnt und angenommen sind, dann bezieht sich diese Wertschätzung auch auf interreligiöse Verhältnisse und überhaupt auf Verhältnisse zwischen Menschen.[39]

Gleichwohl möchte ich nicht nur die Taufe in dieser Weise generativ auffassen, sondern das Ehesakrament selbst. Aber nicht als integralistischen „Definitionsort für alle Familienmitglieder"[40], sondern als Entfaltung des Ehesakraments in unterschiedliche Lebensformen von Treue und Verantwortung hinein. So will ich nicht nur die Taufe, sondern auch das Ehesakrament als solches in die gnadentheologische Evaluation der familiaren Lebensformen einbeziehen. Auch die Sakramentalität der Ehe ist, analog zur Taufe, hinsichtlich ihrer Sozialgestalt nicht hermetisch-exklusivistisch zu lesen, sondern überfließend, das heißt über die Grenzen „intakter" Formen hinaus überströmend auf alle Ehe- und Familienformen und auch diesen zugutekommend.

Es wird in der Treue zum Wort Jesu (vgl. Lk 19,6) weiterhin ein primäres Anliegen der Pastoral sein, Menschen auf dem Hintergrund des Sakramentes und der Gegebenheit der Treue Gottes in der Hoffnung zu stärken, zu ermutigen und zu begleiten, *ein Leben lang beieinander zu bleiben*, auch durch schwierige Phasen hindurch, im Vertrauen darauf, dass sie Gott auch kontrafaktisch zu dem, was sie miteinander erleben, zusammenhält; so dass die Form der „Intaktheit" auch der Inhaltlichkeit entspricht bzw. so dass der Inhalt auch mit der Form mitkommt.

Genauso aber wird die kirchliche Pastoral der Versöhnungspraxis Jesu entsprechen, wenn sie die Betroffenen nicht nur auf den Weg der Buße begleitet, sondern auch *wieder neu anfangen lässt.* Hier geht es um die sakramentennahe pastorale Begleitung derer, die sich in entsprechender Inhaltlichkeit zu ehe- und familienähnlichen Formen zusammentun und füreinander Sorge und Verantwortung übernehmen. Sakramentennah deswegen, weil Gottes Gnade auch in neuen menschlichen Beziehungen am

---

[38] Vgl. Klein, Ehe und Familie, 144 f.

[39] Vgl. dazu Ottmar Fuchs, Religiös motivierte Lebenshilfe in interreligiösen und interkulturellen Kontexten, in: Wege zum Menschen 66 (2014) 2, 202–217.

[40] Klein, Ehe und Familie, 144.

Werk ist und deshalb auch in sakramentenanalogen Liturgien gefeiert werden darf.

Die Unerschöpflichkeit der sakramentalen Gnade hört niemals auf, und zwar in beide Richtungen nicht: Einmal *kontrafaktisch* bleibt der erste Bund bestehen auch über seine Nicht-mehr-Erfahrbarkeit hinaus (die kontrafaktische Bedeutung des sakramentalen Rituals bedeutet hier, dass in ihm eine Wirklichkeit repräsentiert und verwirklicht wird, die auch dann gegeben ist, wenn sie nicht erfahrbar wird[41]), zum anderen *analog*, insofern mit dem neuen Partner bzw. mit der neuen Partnerin in der darin gegebenen Erfahrbarkeit von Liebe und Treue Gott sein Bundesversprechen nicht zurückzieht, sondern, gewissermaßen auf den vermeintlichen oder wirklichen „krummen Zeilen" des Scheiterns, neu aufnimmt und wirksam sein lässt.

Hierfür wären entsprechende Sakramentalien[42] als Zeichen der generativen Kraft des Ehesakramentes zu erfinden und zu entwickeln, durchaus mit dem Risiko der Verwechselbarkeit der ersteren mit dem letzteren (den Gottes Treue ist nicht teilbar!). Dies gilt für wiederverheiratete geschiedene getaufte Menschen, dies gilt auch für getaufte gleichgeschlechtliche Paare, die oft nicht nur füreinander, sondern auch durch Adoption oder durch Entscheidung Verantwortung innergenerationaler Art für Kinder bzw. für ältere Menschen übernehmen.[43]

Die Analogie zwischen Sakrament und Sakramentalie bezieht sich nur auf das Ehesakrament. Hinsichtlich der Zulassung dieser Paare zur Kommunion kann letztere aus ihrer gnadentheologischen Verfassung (als Mahl für die und mit den SünderInnen) heraus von vorneherein niemandem verweigert werden. Hier nur die Analogie (z. B. ein Agapemahl oder die Teilnahme ohne Kommunionempfang) zu erlauben, wäre grundverkehrt

Selbstverständlich stehen sich die beiden pastoralen Bereiche nicht wie Blöcke in einer Zwei-Klassen-Pastoral gegenüber, sondern sie gehen in-

---

[41] Vgl. dazu Ottmar Fuchs, "Unbedingte" Vor-Gegebenheit des Rituals als pastorale Gabe und Aufgabe, in: Theologische Quartalschrift 189 (2009) 2, 106-129.

[42] Vgl. Günter Koch, Sakramentenlehre – Das Heil aus den Sakramenten, in: Wolfgang Beinert (Hg.), Glaubenszugänge. Lehrbuch der katholischen Dogmatik Band 3, Paderborn 1995, 309–526: "Sakramentalien sind zeichenhafte Handlungen, die von der Kirche eingeführt, kraft der Fürbitte und des Glaubens der Kirche wie auch kraft des Glaubens des Empfängers und möglicherweise des Spenders Gottes heilvolles Wirken sinnfällig bezeugen und zugleich zuwenden" (378, dort kursiv).

[43] Vgl. zum Verhältnis von Prinzip und Wirklichkeit in diesem Kontext Ottmar Fuchs, Ermutigung zu einer topopraktischen Pastoral, in: Peter Hünermann - Bernd Jochen Hilberath (Hg.), Herders theologischer Kommentar zum Zweiten Vatikanischen Konzil, Bd. 5, Freiburg 2006, 403-414; Zum biblischen Befund vgl. Herrmann Lichtenberger, Homosexualität in der Bibel, Vortrag beim Studientag „Homosexualität und Kirche" an der Universität Tübingen im November 2010. Publiziert auf der Website Bündnis Kirche und Homosexualität, Evangelische Kirche Württemberg: http://www.bkh-wue.de/texte [Zugriff: 17.06.2015].

einander über und können sich gegenseitig nicht ausgrenzen. Folglich sind in der Pastoral Mentalitäten abzubauen, als seien die Tätigkeiten für die einen weniger wert als für die anderen. In beiden Bereichen geht es um die je neue Unterstützung der Sehnsucht nach Treue, der gegenseitigen Solidarität in guten und in bösen Tagen, sei es in einem Ehebund und in einer Familie von Vater, Mutter und Kindern (denn auch und gerade hier gibt es Spannungen, die zum Zerreißen sind, scheitern und misslingen), sei es in neuen Treueanläufen und anderen Familienkonstellationen, um von nun an und auch darin aus dem Scheitern heraus neu mit Spannungen und Misslingen soweit wie nur möglich in Solidarität umgehen zu können.

Dies alles gilt in jedem Fall, ob nun kirchliche Morallehre tangiert ist oder nicht und wie immer sie ausschauen mag. Es geht vielmehr um die Grunderfahrung christlicher Diakonie, dass man prinzipiell damit, dass man Menschen hilft, ihnen beisteht und ihnen die Erfahrung der Gnade Gottes ermöglicht, nicht automatisch die jeweilige Lebens- und Tatgestaltung dieser Menschen gutheißend bejaht. Wenn Gott nach Paulus die Menschen als Gottlose und Sündige rechtfertigt, hindern ihn diese negativen Eigenschaften nicht an der Liebe, wodurch er gerade nicht diese Eigenschaften bestätigt, sondern umso schärfer mit sich selbst konfrontiert, aber innerhalb der Liebe und nicht außerhalb davon. Für die nicht nur menschlich diakonische, sondern auch für die sakramental (in der Gottesliebe) grundgelegte Solidarität (vgl. *Lumen Gentium* 1) kann es keine Bedingungen des Wohlverhaltens oder irgendeine andere Bedingung geben, auch nicht die Bedingung, eine erste bzw. eine gute Ehe zu führen. Hier gilt das Argument von Walter Kaspar, dass das Sakrament nicht die Belohnung für Wohlverhalten ist, sondern in jeder Situation von Gelingen und Misslingen und auf allen Stufen des Sündig- und Gescheitertseins als Quelle der Kraft für eine möglichst gute Lebensgestaltung erfahren werden darf.

Es gilt gerade im sakramentalen Bereich abzurüsten von der Schwarz-Weiß-Sicht hinüber in die Sicht des Sowohl-Als-Auch, wenn auch mit unterschiedlichen liturgischen Formen und pastoralen Unterstützungs- und Begleitformen. Es geht darum, auch neue Beziehungen und Bündnisse in Gottes Gnade verwurzelt sein zu lassen und ihnen von daher das zu ermöglichen, was im ersten Anlauf nicht möglich war.

Entfächerte Sakramentalität

Die unendliche Größe Gottes ist niemals mit irrealer Idealisierung in Verbindung zu bringen, sondern ereignet sich in ihrem Gegenteil, nämlich im Punktuellen der Konkretion zwischen Ermöglichtem und Unmöglichem, zwischen Gelingen und Scheitern. Gott ist keine Vokabel für Idealisierung und Überforderung, sondern genau für das Gegenteil: für unendliche Vorgabe, bevor es überhaupt eine Möglichkeit zur Erfüllung von Aufgaben gibt.

Dies bedeutet: die Sakramentalität (die ja diese unbedingte Vorgabe ins wirksame Zeichen versetzt) wandert weiter, selbst wenn ihr erster Anlauf gescheitert ist. Der sakramentale Charakter bezieht sich nicht nur auf das Eheband, sondern auch auf das verbindliche Mitgehen Gottes mit denen, die gescheitert sind. Die Frage der Schuld ist sehr bedeutsam, aber nicht so, dass darin Gottes Solidarität in Zweifel käme.

So ist die Ehe ein Abbild der Treue Gottes, aber nicht im Überfordernden, sondern im unendlich ermöglichenden Sinn. Die Treue Gottes steht der Ehe gegenüber als eine Macht, die unablässig die Liebe trägt, die mitgeht auch in schwierigen Zeiten, und selbst in Zeiten des Zerbrechens, die dabei bleibt auch in neuen Beziehungen, weil Gott niemals mit dem Mitgehen aufhört.

Die Unauslöschlichkeit und damit generative Qualität des Sakraments ist zudem nicht an *eine* soziale Formatierung gebunden, sondern kann sich in verschiedene Lebensformen mit entsprechenden Inhalten hinein entfalten. Deshalb kann ich bei getauften Menschen die Zweitehe nur schwerlich einfachhin als eine natürliche Ehe betrachten, die nicht-sakramental und nicht analog zur sakramentalen Ehe unauflöslich treu sei. Ich gehe eher von einer differenzierten Sakramentalität aus, die das Ehesakrament selbst entgrenzt. Die erste sakramentale Ehe bleibt bestehen, der faktische Bruch aber zerstört nicht den unzerstörbaren Charakter der Treuezusage Gottes, sondern aktiviert die Zusage Gottes von neuem, wenn auch mit der Erfahrung des Bruches, der Buße, der Trauer und der Klage, die alle diese Weiterwirkung der Treuezusage nicht unschuldig sein lässt. Doch das „verrückte" österliche Glaubensmotiv der „felix culpa" im Horizont der unendlichen Gnade Gottes greift auch hier.[44] Diese Reichweite des Paschamysteriums „verdient" eine eigene Sakramentalie in ausgeprägter liturgischer Form.[45]

Bei aller Brüchigkeit Gottes und seiner Treue in den Erfahrungen der Menschen gilt die Botschaft der Offenbarung, dass er seinen Bund niemals aufkündigt. Größer als die Treue der Menschen ist immer die Treue Gottes

[44] Im Bußsakrament wird auch jene Sünde vergeben, deren jetzigen Folgen nicht mehr beseitigt werden können. Warum sollte dies nicht auch hinsichtlich einer Scheidung möglich sein?! Auch schlimmste Leidzufügung, deren Folgen nicht mehr aus der Welt zu schaffen sind, kann vergeben werden.

[45] Vgl. Thomas Ruster, Heidi Ruster, …bis dass der Tod euch scheidet? Die Unauflöslichkeit der Ehe und die wiederverheirateten Geschiedenen. Ein Lösungsvorschlag, München 2013; Vgl. dazu Werner Trutwin, Sakramentale Ehe und natürliche Zweitehe?, in: Christ in der Gegenwart (2014) 27, 310.

zu den Menschen in ihren bisherigen und jeweils veränderten Lebens- und Beziehungsmöglichkeiten. Kardinal Kasper formuliert dies so: „Barmherzigkeit ist keine billige Gnade, die von Umkehr dispensiert. Aber die Sakramente sind auch keine Belohnung für Wohlverhalten und für eine Elite, welche die ausschließt, die der Sakramente am meisten bedürfen."[46]

Papst Franziskus öffnet das Haus und lässt den frischen Geist des Zweiten Vatikanums[47] atmen: „Häufig verhalten wir uns wie Kontrolleure der Gnade und nicht wie ihre Förderer. Doch die Kirche ist keine Zollstation, sie ist das Vaterhaus, wo Platz ist für jeden mit seinem mühevollen Leben."[48] Nicht Überregulierung des Lehrhaft-Juridischen ist also vom Evangelium her gefragt, sondern die Bemühung, vom Evangelium her die Treueworte Gottes und die entsprechenden Riten für alle bereitzuhalten und allen zu geben, die sich danach sehnen, inhaltlich die Werte des Evangeliums leben zu können, in welchen Vollzugsformen auch immer.

Unterstützende Einbettung bedingungsübersteigender Lebensformen

Familiale Lebensformen sind gesegnete und zerstörende Orte, wo junge Menschen in Vertrauen aufwachsen und wachsen, wo sie aber auch alles Vertrauen ins Leben verlieren können, wo sie befähigt werden, alle Menschen zu achten, oder wo sie nur auf den Vorteil *ihrer* Familie und den eigenen Vorteil schauen. Und dieser Zwiespalt ist nicht davon abhängig, ob eine Familie mit Vater und Mutter „intakt" ist oder ob alleinerziehende oder „andere" Väter oder Mütter für die Kinder da sind.

Nicht nur einzelne Menschen können egoistisch sein, sondern es gibt auch so etwas wie einen „Familiismus" gegenüber den Anderen, die nicht dazugehören, als ginge es immer nur um die eigenen Kinder. Wenn alle diese Kinder, die derart Familie erleben, einmal groß sein werden, wird überbrückendes solidarisches Verhalten nach innen und außen am Ende sein. Denn diese Haltung pflanzt sich fort in die größeren faschistischen und rassistischen Kollektive hinein.[49]

Damit ist an das anzuknüpfen, was Brigitte Trippmacher hinsichtlich der Familienverhältnisse herausstellt, aus denen jugendliche Gewalttäter

[46] Zitiert bei Finger, Vordenker.

[47] Vgl. den Beitrag von Christian Bauer in diesem Band.

[48] Papst Franziskus, Apostolisches Schreiben *Evangelii gaudium* (Verlautbarungen des Apostolischen Stuhls Nr. 194). Bonn 2013, 47.

[49] Zu dieser Problematik im afrikanischen Bereich vgl. Gerald K. Tanye, The Church-as-Family and Ethnocentrism in Sub-Saharan Africa, Berlin 2010.

stammen, nämlich auffallend häufig aus autoritären Elternhäusern mit entsprechender Sprach- und Bindungslosigkeit.[50] Da die familiären Beziehungen stark leistungsabhängig und materialistisch geprägt sind, kann auch weniger Zeit für die Kinder investiert werden, so dass „die Mehrheit der rechtsradikalen Gewalttäter aus beziehungs- und kommunikationsarmen Elternhäusern kommen."[51] Ob nun die Jugendlichen in den leistungsorientierten Systemen der Gesellschaft (Schule und Beruf) erfolgreich sind oder nicht, ob sie vom Leistungsprinzip profitieren oder daran scheitern, in beiden Fällen erfahren sie zu wenig Gemeinschaft und von der Leistung unabhängige Solidarität, damit zu wenig durch Beziehung getragene persönliche Orientierung, die über die negativen bzw. positiven Leistungsfixierungen hinaus Selbstwerterfahrung und Zusammengehörigkeit tragen könnte. In beiden Fällen bieten sich fundamentalistische bzw. rechtsradikale Gruppierungen als eine Möglichkeit an, im überschaubaren und abgrenzbaren Bereich gegenüber anderen Superioritätsgefühle zu entwickeln, die den Selbstwert- und Stabilitätsverlust kompensieren.

So kann man es nicht wenigen Kindern nur wünschen, möglichst frühzeitig aus destruktiven Familienverhältnissen in andere Lebens- und Betreuungsbereiche hineinzukommen und dort andere Möglichkeiten von Vertrauen, Schutz und Liebe zu erfahren, von den Kinderkrippen über den Kindergarten bis zu den Pfarrgemeinden, zu den Schulen und vor allem zu den Einrichtungen der schulischen Sozialarbeit und der kirchlichen Schulpastoral.[52]

Diese Sicht kann man unschwer mit David Coopers Einsicht und Postulat verbinden: „Wir brauchen keine Mütter und Väter mehr, wir brauchen nur noch bemuttert und bevatert zu werden."[53] Und zwar nicht im „Fetisch der Blutsverwandtschaft", wie Cooper sagt, sondern in der Hoffnung auf befreiende Erfahrungen mit Müttern und Vätern, mit Brüdern und Schwestern, sodass man Väter und Mütter und die Familie nicht „töten"

[50] Vgl. Brigitte Trippmacher, Rechtsradikale Jugendliche in Ost und West, in: Günter Bentele - Peter Rosner (Hg.), Deutsche Einheit. Irritationen - Probleme - Perspektiven, Bamberg 1996, 20-36, 26.

[51] Ebd., 30.

[52] Vgl. dazu Albert Biesinger - Joachim Schmidt (Hg.), Schulpastoral an beruflichen Schulen, Tübingen 2006.

[53] Cooper, Tod der Familie, 24, vgl. auch 21. Man darf Coopers psychotherapeutische Erfahrung mit destruktiven Familien nicht gering schätzen. Er argumentiert von betroffenen Menschen her und seine Erfahrungen sind für vieles, was tatsächlich in Familien geschieht, nur die Spitze vom Eisberg.

muss, um frei zu werden, sondern darin nach innen lernt, was nach außen hin in Freiheit gelebt werden darf und umgekehrt.[54]

In der Frage nach der Beziehung von Kirche und Gesellschaft zu familienähnlichen Lebensformen wird folglich, neben den sozialpolitischen und rechtlichen Strukturen, die Frage nach dem Verhältnis zu solchen sozialen Größen virulent, in denen außerhalb der Familie in einem größeren aber immer noch begegnungsfähigen sozialen Rahmen die Familie nochmals in soziale Netze und Umgebungen eingebettet ist.[55] Der Funktionsverlust der Familie[56] ist dadurch konstruktiv anzugehen, dass die darin an die soziale Umwelt abgegebenen Funktionen an ihren jetzigen Orten aktiv und kommunikativ aufgesucht und beeinflusst werden können. Wie zum Beispiel die Schulpflicht nicht nur ein Verlust hinsichtlich der Bildungshoheit der Eltern über ihre Kinder bedeutet, sondern auch eine Entlastung von etwas, was sie gar nicht leisten könnten und was sie zugleich kommunikativ (zum Beispiel im Elternbeirat) selber mitbeeinflussen können.

Raumtheoretisch nimmt Pfäfflin den Begriff der „haltenden Umgebung" („holding environment")[57] auf, was die Suche nach sozialen Räumen meint, die in Bewegungsfreiheit und Vertrauen, in Verbindung und Verbindlichkeit Halt schenken, und so den Menschen und ihren Lebensformen die Chance vermitteln, jene Werte, die die Gesellschaft insgesamt benötigt, in ihrem Vis-a-vis Bereich zu erleben.[58] Wo der Lebensraum mit solchen Netzwerken von Anerkennung, Selbstwichtignahme, Selbstbeschränkung und Verantwortungsfähigkeit gefüllt wird, muss nicht mehr um Raum gekämpft werden, sondern es entwickelt sich darin die Fähigkeit, Raum zu schenken und in den eigenen Raum aufzunehmen.

Die Kirchen werden in ihrer Verantwortung, „holding enviroment" zu sein, zwiespältig wahrgenommen. Was Cooper der Familie vorwirft, nämlich dass sie Basis für Konformismus sei,[59] vermuten nicht wenige Eltern, die

[54] Zu diesen destruktiven Erfahrungen vgl. ebd. 8-27; Zusammenfassend Fuchs, Familie stigmatisiert 70-72.

[55] Vgl. dazu Wassilios E. Fthenakis, Familienentwicklung. Grundlagen anthropologischer und psychologischer Forschung, in: Gottfried Bachl (Hg.), Familie leben. Herausforderungen für kirchliche Lehre und Praxis, Düsseldorf 1995, 81-111, 95.

[56] Zum Funktionsverlust der Familie vgl. Michael N. Ebertz, „Heilige Familie" – ein Auslaufmodell? Religiöse Kompetenz der Familien in soziologischer Sicht, in: Albert Biesinger - Herbert Bendel (Hg.), Gottesbeziehung in der Familie, Ostfildern 2000, 16-43.

[57] Vgl. Ursula Pfäfflin, Dislokalisierung und die Sehnsucht nach einer Bleibe. Ansätze einer feministischen Theologie des Raumes, in: Schlangenbrut 12 (1994) 46, 33-38, 37 (im Anschluss an die englischen PsychoanalytikerInnen D. Winnicott, M. Mahler und M. Klein).

[58] Vgl. Karl Gabriel, Religion und Kirche im Spiegel- und Diskursmodell der Öffentlichkeit, in: Jahrbuch für biblische Theologie 11: Glaube und Öffentlichkeit, Neukirchen, Vluyn 1996, 31-51.

[59] Vgl. Cooper, Tod der Familie, 12 und 14.

ihre Kinder zur Ich-Stärke und zur Freiheit erziehen wollen, auch bei den Kirchen, nämlich die Unterwerfung unter soziale Kontrollen, einen „Überhang an Gehorsams- und Gemeinschaftswerten", mit der „Missachtung der Werte wie Selbständigkeit, Offenheit, Konfliktfähigkeit, Toleranz und kritisch sein".[60]

Gute Beziehungsverhältnisse in den Familien können dann umso mehr gelingen, als diese kleineren und fragilen Lebensformen durch weitere Sozialstrukturen entlastet werden, allerdings in die Richtung, wofür diese Lebensformen von Anfang an stehen (sollten): für eine relativ leistungsunabhängige Annahme der Menschen bzw. für eine Annahme, die auch dann noch erlebt werden darf, wenn vieles schief geht oder anders verläuft als erwünscht. Dahinter steht die Ursprünglichkeit einer Geburts-, Liebes- und Freundschaftserfahrung, die nicht produziert sondern „grundlos" geschenkt wurde.[61]

Denn ohne Grundvertrauen des Menschen in die Vorgegebenheit, in die er hineingeboren wurde, gibt es kein Überleben. Das Kleinkind muss zum Überleben das konstitutive Vertrauen haben, dass das, was man ihm an Nahrung und Beziehung gibt, für es auch gut ist. Dergestalt kann sein Vertrauen blind genannt werden. Würde das Kleinkind der Nahrung und der Elternbeziehung gegenüber misstrauisch sein und beides verweigern, müsste es zu Grunde gehen.

So gilt der Satz aus dem Jesaiabuch: „Glaubst du nicht, so bleibst du nicht." (Jes 7,9). Wie dieser Satz bereits für das Kind gilt, das nicht leben kann, wenn es nicht auf seine Umwelt vertraut, so ist dies ein Erfahrungsbild auch für Gottvertrauen. Interessanterweise gibt es in der hebräischen Sprache, also in der Sprache des Alten Testamentes, ein Wort (batah), das beides bedeutet: „prall-werden" (bezogen auf das Baby, das sich vollgetrunken hat) und „vertrauen".

Dieses Grundvertrauen gründet auf leistungsunabhängiger Annahme (denn der Säugling kann für seine Nahrung keine Gegenleistung bringen) und darf im Laufe des Heranwachsens nicht an die Bedingung eines bestimmtem Wohlverhaltens und Gehorsam gefesselt werden. Die wenigen Texte, die wir von der „heiligen" Familie haben, zeigen eine Mutter, die es schmerzvoll lernt, Jesus seinen eigenen Weg gehen zu lassen. Und sie zeigen einen verantwortungsvollen Vater, der alles tut, sogar die Heimat verlässt, um Kind und Mutter zu schützen (Mt 2,13-15.19-23). In einer solchen

[60] Vgl. Albert Biesinger - Simone Hiller - Norbert Mette, Familien als Subjekte der Gottesbeziehung, in: Theologische Quartalschrift 191 (2011) 1, 46-64, 53 f., mit Bezug auf eine Untersuchung von Alfred Dubach.

[61] Vgl. Ottmar Fuchs, Gabeliebe und Aufgabeliebe im Horizont ihrer grenzenlosen Unbedingtheit, erscheint in: Jahrbuch für Biblische Theologie 29 (Liebe), Neukirchen-Vluyn 2015.

Familie, in der des Zwölfjährigen Weglaufen in den Tempel nicht mit Drohungen geahndet wird, in der also Widerspruch und Anderswerden nicht mit Gemeinschafts- und Liebesentzug bestraft werden, kann ein Vertrauen heranwachsen, das das Ich stark macht: für ähnliches Vertrauen und für die Liebe. Derart bedingungsarm können erwünschte und geliebte Menschen das Vertrauen aufbringen, auch über die Familiengrenzen hinaus solidarisch zu sein.[62]

Wie es zwischen den Menschen erfahrbar ist, wenn sie in Familie und Freundschaft einander zugetan sind und zueinander sagen: „Für dich bin ich da, ohne wenn und aber!“, wenn sie also füreinander Verantwortung übernehmen, nicht weil es von außen gefordert wäre, sondern weil diese Verantwortung unmittelbar aus einer Beziehung heraus wächst, die als Geschenk, die als Gnade erlebt wird. Forderungen allein geben keine Kraft, sondern machen defensiv. Dies gilt nicht nur für die kleinsten Bereiche des sozialen und politischen Engagements in den Familien und zwischen ihnen, darüber hinaus zwischen Bevölkerungsgruppen im eigenen Stadtteil und für den Blick für die Armen und Leidenden, die es dort gibt, sondern auch zwischen den Völkern, Kulturen und Religionen.

Viele familiale Lebensformen sind ein Beispiel dafür, dass ihre Bande auch wehtuende Gegensätze zusammenzuhalten fähig sind. Hier geht es nicht um eine Einheit, die als Meinungseinheit hergestellt werden müsste, sondern um eine Einheit, die allem vorgängig ist und Dissens ohne Exklusion aushält und trägt.

Diese Erfahrung vorgängiger Einheit und Solidarität, kann durchaus Konsens ermöglichen, ist aber nicht darauf angewiesen. So gibt es verschiedene Einheitsbande im Dissens: neben den Verbindungen in der Familie die Freundschaft, die soziale Akzeptanz Andersdenkender auf der Basis der geglaubten allgemeinen Menschenwürde, nicht zuletzt auf der Basis des religiösen Glaubens an die gemeinsame Gotteskindschaft aller Menschen in ihrer (noch) nicht greifbaren Einheit der Gegensätze. Familiale Lebensformen und kirchliche bzw. zivilgesellschaftliche Vernetzungen können sich in dieser Hinsicht bereichern oder in Frage stellen.

---

[62] Vgl. Ottmar Fuchs, Klerus im Prekariat, in: Theologische Quartalschrift 190 (2010) 4, 304-318, 307-308.

Spielräume einer befreienden Theologie familialen Lebens

Michael Schüßler, Tübingen

Barmherzigere „Anwendung" der bisherigen Ehe- und Familienlehre?

Kardinal Walter Kasper hat ja eigentlich Recht mit dem Titel seines viel beachteten Vortrags[1], den er im Vorfeld der ersten Bischofssynode zur Familienpastoral 2014 gehalten hat: Eigentlich hätte die Kirche tatsächlich ein „Evangelium von der Familie" zu verkünden. Matthias Drobinski von der Süddeutschen Zeitung schreibt: „Sie kennt (…) den Wert des Bleibens und Beharrens, sie denkt in Bindung, Verantwortung, Beziehung und Treue, sie weiß um den Wert des schutzbedürftigen Lebens. Und trotzdem hört sie kaum einer. Sie hat sich unheilvoll verfangen in ihren theologischen und philosophischen Konstrukten."[2] Damit ist aus der journalistischen Außenperspektive das ganze Dilemma von Kirche, Theologie und Familienrealitäten auf den Punkt gebracht. Während im katholischen Irland per Volksentscheid der Rechtstatus Ehe für homosexuelle Paare geöffnet wird, kreist die innerkirchliche Auseinandersetzung weiter um die Zulassung von Wiederverheiratet Geschiedenen zur Eucharistie und zum kirchlichen Engagement. Auch wenn sich hier Lockerungen abzeichnen sollten, die ganze Debatte rund um die Familienpastoral wirkt doch weiterhin seltsam weltfremd. Wenn man Pfarrer und pastorale Mitarbeiter_Innen fragt, dann wird meist klar: Das sind gar nicht mehr die primären Themen vor Ort. Im Gespräch fallen dann Sätze wie: „Wenn ich meine pastorale Arbeit auf die Grenzen der lehramtlichen Vorgaben zu Ehe und Familie beschränken würde, dann kann ich die Hälfte meines Pfarrgemeinderates entlassen und die Pfarrei zusperren."[3]

In der pastoralen Praxis werden diese Fragen also de facto im Vollzug entschieden. Das allerdings irritiert das Lehramt und so stellt sich die Frage, welche Lehre zieht die Lehre aus veränderter Lebenspraxis. Mit einer Unterscheidung von Niklas Luhmann[4] reagiert man kirchlicherseits bisher fast

[1] Walter Kasper, Das Evangelium von der Familie. Die Rede vor dem Konsistorium, Freiburg/Brsg. 2014.

[2] Matthias Drobinski, Verwirrender Lichtstrahl, http://www.sueddeutsche.de/panorama/katholische-kirche-verwirrt-von-jedem-lichtstrahl-1.2180439 [Zugriff: 1.6.2015].

[3] Das sagte mir der Pfarrer einer urban geprägten Pfarrei im Herbst 2014.

[4] Das findet sich in Niklas Luhmann, Die Wissenschaft der Gesellschaft, Frankfurt/M. 1990, 137–140.

ausschließlich *normativ.* Die Erwartungen an den Lebenswandel der Gläubigen werden trotz ständiger Enttäuschung weiter durchgehalten, nur die Pädagogik wird angepasst. Man könnte allerdings, so Luhmann, auch *kognitiv* reagieren, also die Erwartungen in einer Art Rückwärtskorrektur tatsächlich neu bewerten. Man könnte aus den Praktiken für die normativ-theologischen Erwartungen – etwas lernen.

Walter Kasper also empfiehlt echt gemeinte Barmherzigkeit gegenüber jenen, die das kirchliche Ideal nicht einhalten können. Das ist ein erster, wichtiger Schritt hin zu einer pastoralen Wahrnehmung von Familie. Dennoch kann man der Frage nicht ausweichen, ob Barmherzigkeit im Kontext heutiger Familienrealitäten tatsächlich die theologisch treffende Kategorie ist. Christiane Florin, Redakteurin der „Zeit"-Beilage „Christ und Welt", ist skeptisch und schreibt in treffender Offenheit:

> „Von „Barmherzigkeit" wird da gesäuselt, als lägen in zweiter Ehe Verheiratete, praktizierende Homosexuelle und andere vom Katechismus nicht vorgesehene Wesen schwer verletzt am Wegesrand, unfähig, sich zu artikulieren, angewiesen auf die Güte des Vorbeireitenden. Da wird Barmherzigkeit zum Synonym für Erste Hilfe von oben herab. (…) Es fehlt der Mut, das Verhältnis von Norm und Wirklichkeit neu zu justieren."[5]

Christlich engagierte Journalist_Innen fordern hier zu Recht mehr Risiko und theologische Kreativität. Spätestens seit dem II. Vatikanum ist es katholische Lehre[6], dass die Kirche auf Veränderungen nicht nur abwehrend normativ, sondern auch kognitiv reagieren kann. Es gibt seither eine theologische Einspruchsfunktion des ambivalenten und verletzbaren Lebens gegenüber allzu glatten theologischen Norm- und Normalvorstellungen. Der Antwerpener Bischof Johann Bonny formulierte das in seinem offenen Brief vor der ersten „Familiensynode" überragend:

> „In den letzten Monaten (…) habe ich mehrfach gehört oder gelesen: ‚Einverstanden, dass die Synode für größere pastorale Flexibilität eintritt, aber an der Lehre der Kirche wird sie nicht rütteln können'. Manche erwecken den Eindruck, die Synode werde nur über die Anwendung der Lehre sprechen können, nicht aber über ihren Inhalt. Diese Gegenüberstellung von ‚Pastoral' und ‚Lehre' scheint mir aber zu kurz gegriffen, sowohl in pastoraler wie

---

[5] Christiane Florin, Wenn das Bett, das wir teilen, als Rose blüht, in: Christ und Welt 49 (2014), http://www.christundwelt.de/detail/artikel/wenn-das-bett-das-wir-teilen-als-rose-blueht/ [Zugriff: 1.6.2015].

[6] Das begründet Christian Bauer ausführlich in seinem Beitrag.

> theologischer Hinsicht. Sie kann sich nicht auf die Tradition der Kirche berufen. Pastoral hat ganz und gar mit der Lehre zu tun, und Lehre ganz und gar mit Pastoral. Beide werden (…) auf die Tagesordnung kommen müssen, wenn die Kirche neue Wege für die Evangelisierung von Ehe und Familie in unserer Gesellschaft öffnen möchte."[7]

In der gegenseitigen Erhellung von Realität und christlicher Überlieferung verändern sich die Entdeckungsbedingungen von Treue, Sakramentalität oder Unauflöslichkeit. Familientheologische Wichtigkeiten sortieren sich neu, wenn ihre Wahrheit an konkreten Orten auf dem Spiel steht. Genau das ist übrigens mit dem Begriff der Tradition gemeint. Tradition ist ja nicht die Offenbarung selbst, sondern der Begriff für jene Formen, in denen sie sich immer neu ereignet (hat).[8] Vom christlichen Archiv her ist Tradition nicht die Norm, der man sich nur noch unterwerfen kann[9], sondern eine Erkenntnis-Ressource, um die oft auch verborgene Kraft des Evangeliums im Heute zu entdecken.

Was heißt heute überhaupt: Familie?

Am Beginn des 21. Jahrhunderts ist aus dem Institutionen-Konnex „Ehe und Familie" mit seiner klaren Rollenaufteilung ein voraussetzungsreiches Beziehungsnetz geworden, das von Situation zu Situation und von Lebensabschnitt zu Lebensabschnitt neu austariert werden muss. Die Formen, in denen wir unsere engen Intensivbeziehungen leben, werden offener und vielfältiger. Sie richten sich nicht mehr nur an vorgegebenen Mustern aus, sondern an den Lebenserfordernissen der eigenen Biographie.[10] Was für

[7] Johann Bonny, Die Bischofssynode über die Familie. Erwartungen eines Diözesanbischofs, http://www.kerknet.be/admin/files/assets/subsites/4/documenten/SYNODE_UBER_DIE_FAMILIE_D.pdf, [Zugriff: 1.6.2015], 7 f.

[8] „Man kann also nicht so tun, als wenn die Tradition selbst Offenbarung wäre. Sie ist eine Form ihrer Weitergabe, aber nicht diese selbst", so Elmar Klinger, in: Erich Garhammer – Elmar Klinger, Von heute her die Geschichte betrachten, und nicht von der Geschichte her das Heute. Ein Gespräch mit Elmar Klinger, LS 64 (2013), 394–400, 398.

[9] Das vertritt etwa Martin Mosebach, Interview „Dieser Papst macht Stimmung", in: Spiegel 22 (2015) vom 23.5.2015, 27–29, 28.

[10] „Die traditionelle Familie mit verheirateten leiblichen Eltern und ein oder zwei Kindern, in der das männliche Elternteil erwerbstätig, das weibliche Elternteil hingegen für die Haushaltführung und Betreuung der Kinder zuständig ist, ist in Deutschland inzwischen eindeutig in der Minderheit. Von den von uns befragten Kindern im Alter von 8 bis 11 Jahren leben zusammengenommen nur 35 % in einer entsprechenden Form", Ulrich Schneekloth – Ingo Leven, Familie als Zentrum. Nicht für alle gleich verlässlich, in: World Vision Deutschland e. V. (Hg.), Kinder in Deutschland 2007. 1. World Vision Studie, Frankfurt/M. 2007, 65–109, 72.

Familie entscheidend scheint, ist weniger institutioneller, sondern mehr qualitativer Art. Es sind die „strong ties, also die starken, engen und emotional gesteuerten Beziehungen“[11] zwischen den Menschen, die sich als Familie verstehen. Dann geht es nicht mehr um ein Gerüst fester Rollen, sondern um die Dynamik eines sozialen Beziehungssystems.[12] „Familie verändert sich aufgrund des gesellschaftlichen Wandels von einer selbstverständlichen, quasi naturgegebenen Ressource zu einer zunehmend voraussetzungsvollen Aktivität von Frauen, Männern, Kindern, Jugendlichen und älteren Menschen, die in Familien leben bzw. leben wollen.“[13]

Bei diesem „Doing Family“[14] spielen auch traditionelle Leitbilder von lebenslanger Treue, Familienzusammenhalt und behüteter Kindheit weiter eine große Rolle.[15] Allerdings nicht mehr unhinterfragt und flächendeckend, sondern quasi immer unter den Testbedingungen, ob sie das halten, was sie versprechen.

Insofern ist auch die begriffliche Orientierung beim Thema Familie nicht mehr eindeutig. Es könnte helfen zumindest drei aktuelle Varianten zu unterscheiden.

Zunächst wird in der Diskussion weiterhin ein klassisch normativer Familienbegriff gebraucht. Gerade in kirchlichen Kontext ist damit meist, recht eng gefasst und naturrechtlich in der Schöpfungsordnung begründet, die bürgerliche Kleinfamilie gemeint, also die in der unauflöslichen Ehe gegründete Gemeinschaft von Mann und Frau mit leiblichen Kindern und einer als natürlich empfundenen Geschlechterrollenaufteilung von Erwerbs- und Fürsorgearbeit.

Die heute sichtbare Vielfalt an biographischen Entwürfen wird dagegen als „Lebensformen“ auf den Begriff gebracht. Hier werden in maximaler Weite alle möglichen Weisen bezeichnet, das eigene Leben zu leben: in Partnerschaft oder zölibatär, im Singleappartement oder im Mehrgenerationenhaus, hetero- oder homosexuell oder irgendwo dazwischen orientiert, mit Kindern oder ohne. Wie Rahel Jäggi schreibt, gehört dabei „der Wunsch, sich hinsichtlich der Gestaltung des eigenen Lebens nicht von (…) Sitten-

[11] Schneekloth – Leven, Familie als Zentrum, 65.

[12] Wichtige Impulsgeber waren hier die Systemische Familientherapie und die neuere Kindheitsforschung.

[13] Michaela Schier – Karin Jurczyk, „Familie als Herstellungsleistung“ in Zeiten der Entgrenzung, in: Sozialwissenschaftlicher Fachinformationsdienst soFid (2008), Familienforschung 1 (2008), 9–18, http://nbn-resolving.de/urn:nbn:de:0168-ssoar-201763, 9.

[14] Vgl. dazu: Karin Jurczyk / Andreas Lange / Barbara Thiessen (Hg.): Doing Family. Warum Familienleben heute nicht mehr selbstverständlich ist, Weinheim – Basel 2014.

[15] Rahel Jaeggi schlägt bei Hegel nach und kann zeigen, wie dessen Familienbegriff bis heute prägend wirkt. Vgl.– Rahel Jaeggi, Kritik von Lebensformen, Berlin 2014, 216–227.

richtern ‚hineinreden lassen' zu wollen, zu den unhintergehbaren Komponenten unseres modernen Selbstverständnisses"[16].

Wenn ich recht sehe, dann positioniert sich drittens die Rede von den „familialen Lebensformen" ziemlich genau zwischen diesen beiden Varianten.[17] Zum einen sind familiale Lebensformen heute nicht mehr zwangsläufig an die lebenslange Ehe, an die traditionellen Geschlechterrollen, an die Existenz kleiner Kinder oder an einen dauerhaft gemeinsamen Lebensort gebunden. Das „Doing Family" der Menschen von heute spielt sich in prinzipieller Freiheit gegenüber alten Normierungen ab, ohne diese aber ganz zu verwerfen. Zum anderen ist es aber nicht sinnvoll, jede aktuelle Lebensform familial zu nennen. Zwei Kriterien haben sich herauskristallisiert: verlässliche emotionale Vertrautheit[18] und belastbare Solidarität zwischen den Generationen[19]. Kurz: Partnerschaft und Elternschaft.[20]

Damit ist klar: Familie ist auch begrifflich von einer klar definierten Institution zu einem Kollektivbegriff für die Vielfalt an familialen Lebensformen geworden. Rahel Jäggi schreibt über diese praxisbezogene Neuinterpretation des Familienbegriffs:

> „Dessen essentielles Merkmal soll nun die Existenz von Kindern und das Bestehen von Sorgeverhältnissen sein. Darüber hinaus erhebt er einen normativen Anspruch dahingehend, dass man den entsprechenden Gebilden Respekt (ebenjenen Respekt, den man ‚traditionellen Familien' entgegenbringt) entgegenbringen sollte. (...) Diese Verschiebung im Gehalt des Begriffs nun ist aber keine willkürliche Neudefinition ('wir nennen jetzt mal etwas ganz anderes ‚Familie' als das, was wir früher so genannt haben'). Wenn wir die neuen Gebilde offensiv ‚Familie' nennen, so nehmen wir für sie in Anspruch, dass sie sich in einer Kontinuität mit denjenigen Merkmalen befinden, die wir traditionell mit dem Begriff verbinden."[21]

Familie verflüssigt sich also, aber sie löst sich als Sozialform nicht auf. Jaeggi wendet sich deshalb sowohl gegen eine liberalistische Privatisierung im Blick

[16] Jäggi, Kritik von Lebensformen, 10.

[17] So auch Schneekloth – Leven, Familie als Zentrum, 65.

[18] Das gilt auch für Familien, die an mehreren Orten leben, sei es beruflich bedingt, sei es durch Trennungen erzwungen.

[19] Familie ist da wo Kinder sind, allerdings nicht nur kleine Kinder: Es geht um das Aufwachsen der kommenden und um die Pflege und den Respekt gegenüber der gehenden Generation.

[20] Singles und alleine lebende Paare wären dann hier begrifflich nicht mit eingeschlossen. Natürlichen haben auch sie Familie, leben aber aktuell in keiner familialen Lebensform. Wobei umstritten bleibt, ob nicht auch Freundschaftsbeziehungen als „Familienersatz" eben genau das sind: Familie.

[21] Jaeggi, Kritik von Lebensformen, 196 f.

auf Lebensformen, als auch gegen eine normative Unterwerfung unter das überlieferte Familienkonzept. Daran ist eine praktische Theologie familialer Lebensformen anschlussfähig, der es vom Evangelium her nicht egal sein kann, wie Menschen ihr Leben leben, die aber zugleich darum weiß, dass Paternalismus und religiöse Sanktionsmacht keine pastoralen Optionen mehr sein dürfen, weil sie die eigene befreiende Botschaft konterkarieren.

Aktuelle Familientrends fordern einen Blickwechsel in Theologie und Kirche

Neben dem Basisbefund einer größeren Vielfalt an familialen Lebensformen prägen weitere manifeste Veränderungen die Lebenssituationen von Familien.[22]

- *Gleichberechtigung der Geschlechter:* Mit der Chancengleichheit von Frauen auch in Bildung und Beruf hat sich das Geschlechterverhältnis verflüssigt und auch in der Familie tendenziell angeglichen. Die herkömmliche Aufteilung „Männer im Beruf, Frauen im Heim" ist nicht mehr selbstverständlich. Das verunsichert, hat aber nicht nur Nachteile. Die „Erosion des konventionellen Ernährermodells"[23] ermöglicht Kindern weniger starre Rollenvorbilder. Sie werden zwar nicht mehr ausschließlich von der Mutter betreut, gewinnen aber den Vater als potenzielle Bezugsperson.
- *Partnerschaftliches Generationsverhältnis:* Das Eltern-Kind-Verhältnis hat sich gewandelt, vom Gehorsamsverhältnis hin zum Verhandlungshaushalt und zu einer partnerschaftlichen Erziehung. Trotz dieser Veränderungen in einer immer komplexeren Lebenswelt besitzt Familie einen ungebrochen hohen Stellenwert. Für viele Jugendliche ist die Familie der wichtigste Knotenpunkt ihres Lebens und für kleine Kinder sind die Eltern weiterhin die entscheidenden Bezugspersonen. Was sich verändert ist aber ihre Funktion. Eltern repräsentieren nicht mehr so sehr die Ordnung von „Geld, Gott und Gesetz", sondern sie wollen ihren Kindern Geborgenheit, Gesundheit und die je eigenen Werte vermitteln.[24] Kinder lernen in der Familie damit kein gesellschaftsweit ver-

[22] Ich beziehe mich dabei auf die Auswertung verschiedener empirischer Forschungsergebnisse, die zu finden sind in Karin Jurczyk – Josefine Klinkhardt, Vater, Mutter, Kind? Acht Trends in Familie, die Politik heute kennen sollte, Gütersloh 2014 oder Martin Dornes, Die Modernisierung der Seele. Kind – Jugend – Gesellschaft, Frankfurt/M. 2012.

[23] Jurczyk – Klinkhardt, Vater, Mutter, Kind?, 33.

[24] So Dornes, Modernisierung der Seele, 258–263.

bindliches Normengerüst mehr, sondern weichere, aber grundlegende „Basiskompetenzen".

- *Reproduktion soziale Ungleichheit:* Was sich leider nicht verändert hat: Familie scheint weiterhin entscheidend an der Reproduktion sozialer Ungleichheit beteiligt zu sein. Der Schulerfolg und die Lebenschancen von Kindern hängen von dem ab, was ihnen durch die familiäre Herkunft ermöglicht wird. Jurczyk und Klinkhardt fassen den empirischen Befund so zusammen: „Kinder aus niedrigeren sozialen Schichten haben es (...) vielfach schwerer, sich in den institutionellen Rahmen des Bildungssystem zu integrieren und dort erfolgreich zu sein."[25]
- *Längere Lebenserwartung:* Die Menschen leben länger und das verändert alles. Als Jesus den Satz prägte „das soll der Mensch nicht scheiden", dauerte eine Ehe ein oder zwei Jahrzehnte.[26] Heute können es 50 Jahre und länger sein. Das Nacheinander verschiedener Partnerschaften ist allerdings keine neue Erfindung. „Auch unsere bäuerlichen Vorfahren kannten so etwas wie ‚serielle Monogamie', doch bei ihnen wurden die früheren Bindungen stets durch den Tod gelöst, während es bei uns die Scheidung ist (oder im Fall unverheirateter Paare einfach der Auszug aus der gemeinsamen Wohnung)."[27] Der Anspruch lebenslanger Treue in der Partnerschaft dehnt sich damit real auf einen immer längeren Zeitraum aus.
- *Pflege der eigenen Eltern und „Sandwich-Generation":* Neben der verlängerten Lebenszeit kommt der Pflege der eigenen alten Eltern eine neue Bedeutung zu. Sie wird nicht mehr selbstverständlich von Frauen im privaten Bereich geleistet, sondern wird ebenfalls zum Teil des „Doing Family". Viel deutlicher ist heute im Bewusstsein: Die Verantwortung familialer Lebensformen beschränkt sich nicht mehr nur auf die Lebensweitergabe, sondern auch auf den Lebensabend. Intergenerationelle Solidarität bekommt eine doppelte Richtung, nämlich gegenüber den Kindern am Lebensanfang und gegenüber den eigenen Eltern am Lebensende. Man spricht von einer Sandwich-Generation, eingeklemmt in eine Verantwortung mit zwei Richtungen: Wenn die eigenen Kinder so langsam „aus dem Haus sind" und die aktive Verantwortung hier etwas abnimmt, schließt sich nahtlos die Sorge um die eigenen alten, oft pflegebedürftig Eltern an.

[25] Jurczyk – Klinkhardt, Vater, Mutter, Kind?, 105.

[26] So Magnus Striet, Bischof, tu was!, Christ und Welt 50 (2014), http://www.christundwelt.de/detail/artikel/bischof-tu-was/ [Zugriff: 1.6.2015].

[27] Charles Taylor, Ein säkulares Zeitalter, Frankfurt/M. 2012, 828.

- *Fehlende Passung familienbezogener Infrastruktur:* Jurczyk und Klinkhardt beschreiben treffend, wie die politische Familienförderung und die realen Lebenslagen von Familien auseinanderklaffen. Bestes Beispiel für dieses „institutional gap" ist das Ehegattensplitting, das immer auch kinderlose Paare finanziell entlastet, nicht immer aber alle Familienformen mit Kindern oder die Pflege-Verantwortung für die ältere Generation, worum es doch eigentlich geht. Passungsprobleme gibt es außerdem bei der Qualität und zeitlichen Flexibilität frühkindlicher Bildungseinrichtungen (KiTas). Und auch die klassische Familienbildung hat offenbar eine Schlagseite, denn entsprechende „Maßnahmen verfehlen durch ihre Mittelschichtorientierung nicht selten die Zielgruppe, die ihrer präventiven Unterstützungsleitungen am stärksten bedürfen"[28].

Theologie und Kirche stehen damit beim Thema Familie vor großen Herausforderungen. Die traditionelle kirchliche Ehe- und Familienlehre ist für eine Lebensrealität formuliert, die heute nicht mehr existiert. Stattdessen ist die Gesellschaft im ethisch verantworteten Umgang mit Partnerschaft und Familie unter Freiheitsbedingungen teilweise weiter als manche Teile von Kirche. Und das Volk Gottes scheint in seiner Weite manchmal näher am Zeugnis für gelingendes Leben in den Ambivalenzen der Gegenwart, als man es in Lehramt und Kirchenleitung wahr haben will.

Was ansteht ist der Abschied von einem naturrechtlich grundierten und dann personal-moralisch aufgeladenen katholischen Familialismus, der als Familie nur eine vorformatierte Normaldefinition gelten lässt und alle anderen Lebensformen faktisch abwertet.[29] Stefan Dinges schrieb bereits an der Jahrtausendwende im Handbuch Praktische Theologie unmissverständlich: „Diese unterscheiden sich eher in ihren Entstehungsgeschichten und Rahmenbedingungen von ehelichen Lebensgemeinschaften als in ihren Inhalten und Zielen und haben einen eigenständigen Ort in der Beziehungslandschaft. Angesichts dessen ist es unhaltbar, die bürgerliche Kleinfamilie zu idealisieren (Familiarismus) und alle anderen Formen von Lebensgemeinschaften als defizitär zu qualifizieren."[30]

[28] Jurczyk – Klinkhardt, Vater, Mutter, Kind?, 188.

[29] Christoph Morgenthaler schreibt: „Die traditionelle Kernfamilie steht in vielerlei Hinsicht immer wieder im Zentrum kirchlicher Arbeit und theologischer Reflexion. Dieser ‚Familialismus' der kirchlichen Arbeit muss kritisch befragt werden." Christoph Morgenthaler, Systemtische Seelsorge. Impulse der Familien- und Systemtherapie für die kirchliche Praxis, Stuttgart 2002, 52.

[30] Stefan Dinges, Lebensgemeinschaften, in: Herbert Haslinger u. a. (Hg.), Handbuch Praktische Theologie, Bd. 2 Durchführungen, Mainz 2000, 86–98, 86.

Probleme des katholischen Familialismus

Pastoralgeschichtlich erscheint die kirchliche Verteidigung ihres normativen Familienbildes als ein verspätetes Rückzugsgefecht der verblassenden „societas perfecta". Als „societas perfecta" verstand sich Kirche im Gegenüber zu den entstehenden Nationalstaaten als die je bessere Gesellschaft. Ihr ist im „depositum fidei" die Wahrheit einer guten Ordnung anvertraut, der guten Ordnung eines souveränen Gottes. Und möglichst viele Menschen müssen der aktuellen Interpretation dieser Ordnung unterworfen werden, denn nur in ihr gibt es Heil.

Doch die Durchsetzung einer gut gemeinten Ordnung bedeutete für viele Menschen zugleich Unterdrückung und unendliches Leid. Es genügt hier an drei allgemein bekannte Beispiele zu erinnern.

In Bezug auf den Kosmos: Weil man im 17. Jahrhundert glaubte Gottes Schöpfungskosmos schützen zu müssen, wurde Galilei verurteilt – und 1992 rehabilitiert.[31]

In Bezug auf die Gesellschaft: Weil man bis Mitte des 20. Jahrhunderts glaubte, Gott gegen die Freiheit des Menschen schützen zu müssen, wurden Demokratie und Menschenrechte als Irrtümer verurteilt – und im Vaticanum II anerkannt.

In Bezug auf die biographische Lebensführung: Weil man bis heute glaubt, mit dem eigenen Familienbild die Schöpfungsordnung Gottes verteidigen zu müssen, werden alle anderen Lebensformen als irregulär disqualifiziert – und irgendwann als Vielfalt christlicher Existenz anerkannt?

Es braucht gar nicht mehr historische Differenzierung um zwei Dinge zu erkennen: Hier ist eine grundlegende Neuausrichtung notwendig. Und zum anderen wird klar, dass an der Ehe- und Familienlehre für die Kirche aktuell viel mehr hängt, als das Gelingen christlicher Partnerschaften. Es geht um das Eingeständnis in die kirchliche Ohnmacht, nämlich nach der Macht über das kosmologische Weltbild und die Gesellschaftsverfassung nun auch noch die Macht über die Familie und die Biographien der Menschen verloren zu haben.

Dass das hierzulande schon lange der Fall ist, blieb nur deswegen so lange verborgen, weil das kirchliche Familienbild im 20. Jahrhundert eine wesentlich Stütze der halbierten Moderne[32] gewesen ist. Vieles in Arbeits- und

---

[31] Wie damit die moderne Perspektivendifferenz und -pluralität in die Welt kam, beschreibt sehr schön Armin Nassehi, Die letzte Stunde der Wahrheit. Warum rechts und links keine Alternativen mehr sind und Gesellschaft ganz anders beschrieben werden muss, Hamburg 2015, 103–109.

[32] Vgl. Ulrich Beck, Risikogesellschaft. Auf dem Weg in eine andere Moderne, Frankfurt/M. 1986, 118: „Was sich in die private Form des ‚Beziehungsproblems' kleidet, sind (…) die

Lebenswelt wurde pluralisiert und beschleunigt, nur die bürgerlich-patriarchale Hausfrauen-Ehe war davon lange Zeit ausgenommen. In Theologie und Kirche hielt sich deshalb bis heute die Fiktion, man könnte zumindest in Familien und Geschlechterfragen die eigene Pastoralmacht erhalten, also mit einer Mischung aus wohlmeinender Fürsorge und normierender Kontrolle das Leben der Menschen auf die eigene Tradition hin prägen – zwar vielleicht in bester Absicht, aber im Zweifel auch gegen deren Freiheit und Selbstbestimmung.[33]

Der von Papst Franziskus geschätzte französische Jesuit Michel de Certeau hat die Kirche schon in den 1980er Jahren davor gewarnt, beim Thema Familie die gleichen Fehler zu wiederholen, wie im Fall Galilei:

> „Denn so wenig wie die Sonne und die Sterne, gehorcht heutzutage das praktische Verhalten den Weisungen der Bibel oder des Papstes. Natürlich muss das Hinhören auf das Wort des Evangeliums ethische Auswirkungen haben (Maßstab für das Verständnis ist ja immer die Bekehrung), aber diese variieren entsprechend dem autonomen moralischen Urteil. Nichts garantiert mehr, dass eine christliche Ethik möglich ist."[34]

Sie ist möglich – aber ohne Garantien, ohne Zwang, ohne religiöse Strafandrohung. Man müsste heute begreifen, dass dies die unhintergehbaren Bedingungen sind, in denen sich christliches und seelsorgliches Handeln bewähren muss. An erster Stelle steht dann der Respekt vor der Lebensform des und der je Nächsten, auch wenn es eine ganz andere ist, als die eigene.[35] Charles Taylor schreibt in seiner großen Studie zum säkularen Zeitalter:

> „Wir müssen einsehen, daß sich die moralische Landschaft verändert hat. Die Menschen, die den Umbruch (in der 2. Hälfte des 20. Jahrhunderts, M.S.) erlebt haben, müssen Formen finden, die langfristige, liebvolle Beziehungen

Widersprüche einer im Grundriß der Industriegesellschaft halbierten Moderne", die halb Industrie- und, vor allem im Geschlechterverhältnis, zugleich auch halb Ständegesellschaft gewesen ist.

[33] Doch nun kommt es wie mit den Konfessionsschulen der Nachkriegszeit: Sobald klar war, dass das Bildungsniveau dort katastrophal war und die Zukunft der Gesellschaft auf dem Spiel steht, waren sie mit kirchlichem Einverständnis schnell aufgelöst.

[34] Michel De Certeau, Glaubensschwachheit, Stuttgart 2009, 247.

[35] „Es geht nicht an, in der Seelsorge das zur Orientierung zu erheben, was wir persönlich erlebt haben und erleben (...). Erst recht geht es nicht an, diese Lebensform mit theologisch-ethischen Argumenten zur allein gültigen Ehe- und Familienform emporzustilisieren. Es geht vielmehr darum, die vielen unterschiedlichen familiären Lebensweisen differenziert wahrzunehmen und sie nicht als minderwertige Formen an einem Idealbild einer intakten Kernfamilie zu messen, das mehr Mythos denn Wirklichkeit ist – und immer auch war (...)." Morgenthaler, Systemische Seelsorge, 53.

> zwischen gleichberechtigten Partnern ermöglichen, die in vielen Fällen auch Eltern werden und ihre Kinder in Liebe und Sicherheit großziehen wollen. Diese Formen können aber nicht einfach die gleichen sein wie die Regeln der Vergangenheit, insoweit diese beispielsweise mit der Verunglimpfung des Sexuellen zusammenhingen, mit der Angst vor dem Dionysischen, festgesetzten Gender-Rollen oder der Weigerung, über Identitätsfragen zu diskutieren. Es ist eine Tragödie, daß die Regeln, welche die Kirchen den Menschen aufdringen wollen, immer noch an einem oder mehreren – mitunter sogar allen – dieser Mängel leiden."[36]

Diese Tragödie hat eine lange Vorgeschichte. Die katholische Ehe- und Familienlehre basiert bis heute auf einer sich gegenseitig verschärfenden Doppelstruktur von vertraglicher Rechtstheorie und personalisierter Moraltheorie. Vom 12. Jahrhundert bis zum II. Vatikanum war im Bereich der Ehe die rechtliche Kategorie des Vertrags bestimmend. Die Ehe begründete das Recht auf den Körper des Anderen zum Zwecke der Zeugung, so in *Canon 1081* des *CIC von 1917*. Das II. Vatikanum hält an dieser vertraglichen Sicht fest, setzt sie aber mit der Kategorie des Ehebundes als personalpartnerschaftliche Vertiefung in einen neuen Rahmen. „Der aber wurde, da die alten rechtlich-institutionellen Regelungen davon unberührt weiter galten, nicht wirksam umformatiert, sondern durch seine personalistische Aufladung nur eindringlicher und zugleich härter gemacht"[37], so Rainer Bucher. Das führe, schreibt Bucher weiter, zur paradoxen Situation, dass man kirchlich über das Eherecht und die unauflösliche Sakramentalität im Leben der Menschen etwas normativ fixieren will, was heute und eigentlich schon immer unverfügbar ist, nämlich das Gelingen von Beziehungen.

Kirche in Deutschland sollte sich deshalb nicht mehr über die Kulturkämpfe des 20. Jahrhunderts definieren. Sie müsste die Existenzkämpfe der Menschen in der Gegenwart aufnehmen! Und das sind andere, als die Verteidigung des Naturrechts, von Homophobie und tradierten Geschlechterklischees. Das Eintreten der Kirche für Familien bedeutet dann nicht mehr, eine bestimmte Form normativ durchzusetzen. Es gilt, den als befreiend geglaubten Horizont des Evangeliums in jeder auch noch so unvertrauten Familiensituation zu vermuten und zu entdecken.

---

[36] Taylor, Ein säkulares Zeitalter, 839 f.

[37] Rainer Bucher, Ziemlich irrelevant – spätestens heute. Eine pastoraltheologische Lektüre des Synodenbeschlusses „Ehe und Familie", in: Pastoraltheologische Informationen 31 (2011) 77–101, 95, https://www.uni-muenster.de/Ejournals/index.php/pthi/article/view/1182/1128 [Zugriff: 1.6.2015].

Entdramatisierung des (kirchlichen) Verfallsparadigmas

Im kirchlichen Familiendiskurs lauert die Gefahr, die Risiken aktueller Lebensgestaltung allzu schnell kulturpessimistisch hochzurechnen. Man merkt, dass sich in Kindheit und Familie ehemalige Konstanten verändern und erfährt im Abgleich mit früher den Unterschied vor allem als Verlust. Es entsteht das mulmige Gefühl, dass das, was man selbst als wichtig erfahren hat, in dieser Form nicht mehr zählt.

Martin Dornes, Soziologe und Psychoanalytiker am Frankfurter Institut für Sozialforschung, hat vor diesem Hintergrund viele empirische Studien genauer angesehen. Er kommt völlig gegen das so geläufige Verfallsparadigma zu einem recht entdramatisierenden Ergebnis.[38] „Die meisten Kinder und Jugendlichen entwickeln sich gut, fühlen sich in ihren Familien wohl, verbringen genug Zeit mit ihren Eltern und Freunden, sind mit der Art, wie sie erzogen werden, zufrieden, haben genügend Zeit für sich selbst, sind in Schule und Freizeit nicht gestresst, kommen mit den neuen Medien gut zurecht und liefern insgesamt wenig Gründe für pessimistische Einschätzungen."[39] Ich plädiere deshalb mit ihm „für eine realistische Einschätzung von Chancen und Gefahren, nicht für eine ‚Spürhundmentalität', die jede individuelle, familiäre und soziale Veränderung vorwiegend auf ihre potenzielle Gefährdung hin absucht und so aggraviert (durch Übertreibung verschlimmert, M.S.)"[40].

Die in der Familien-Theologie geläufige „Hermeneutik des Verdachts" sollte sich nicht nur nach „Außen" auf die säkulare Lebenswelt richten. Genauso angebracht wäre sie als kritischer Verdacht gegenüber den eigenen kirchlich-theologischen Selbstverständlichkeiten im Blick auf Familie und Kindheit. Dann ließe sich fragen: Vor welchen theologischen und konzeptionellen Veränderungen schützt die vorzugsweise pessimistische Sicht auf gegenwärtige Realitäten von Familien? Die anstehende Entdramatisierung lässt sich an drei Beispielen zeigen.

Egoistische Bindungsunfähigkeit gefährdet Familie?

Trotz höherer Scheidungsraten und weniger Eheschließungen sind Familienwerte wie partnerschaftliche Treue und Bereitschaft zu langfristiger

[38] Vgl. dazu Martin Dornes, Modernisierung der Seele. Kind – Familie – Gesellschaft, Frankfurt/M. 2012

[39] Dornes, Modernisierung der Seele, 12.

[40] Dornes, Modernisierung der Seele, 16.

Bindung nicht bedroht. Partnerschaft und Familie werden weiter als für das eigene Leben entscheidend erlebt. Langfristige Beziehungen sind heute allerdings sehr voraussetzungsreich. Beziehungsdauer ist kein Selbstzweck mehr, sondern sie tritt in Konkurrenz zur Beziehungsqualität. Stabile Paarbeziehungen lassen sich nicht einfach normativ herstellen. Die Vorstellung, wer in der Beziehung scheitert, hat nur nicht genug gewollt, ist einfach nicht zutreffend. Die Herausforderung liegt nicht im Willen zur Ehe als möglichst dauerhafte Partnerschaft, sondern im Wandel unserer Lebensverhältnisse. „Zum einen Bemühen sich heute viele Paare, auch wenn sie schließlich scheitern, mit einer Hartnäckigkeit um die Verbesserung der Beziehung, die ihre Vorfahren hätte staunen lassen.“[41] Zum anderen könnte man das Beenden einer stabil unglücklichen Bindung auch als Befreiung aus erloschenen oder sogar zerstörerischen Beziehungen verstehen. Familiensoziologische Studien zeigen jedenfalls, so Dornes, „dass eine individualistische Wertorientierung nicht zur Auflösung familiärer Bindungen führt, weil der moderne Individualismus nicht egozentrisch, sondern kooperativ ist und mit der Bereitschaft einhergeht, für Ehe, Familie, Kinder, Großeltern und Enkel Zeit, Geld und Mühe aufzuwenden, und zwar so viel wie noch nie zuvor in der Geschichte der Familie“[42].

Wenn Ehen halten, dann halten sie übrigens länger als früher: noch nie gab es so viele goldene oder gar eiserne Hochzeiten. Das heißt: Stabile Paarbeziehungen lassen sich nicht einfach herstellen. Man kann sie aber ermöglichen. Allerdings nicht mit Zwang, sondern mit Unterstützung in aller Freiheit. Man könnte sagen: Nur wenn etwas auch Scheitern darf, kann es gelingen.

Emotionale Verwahrlosung familialer Beziehungen?

Auf dem Weg vom Gehorsams- zum Verhandlungshaushalt werden Familienbeziehungen turbulenter, aber nicht schlechter. Die Qualität von Partnerschaften hängt nicht mehr an einer „ruhigen Ehe“, sondern an der Art und Weise, wie (eheliche) Konflikte ausgetragen werden.[43] Wie es scheint, entzünden sich viele pessimistische Einschätzungen an einer Dramatisierung der „feinen Unterschiede“ (Bourdieu), die sich aus liberalisierten Er-

[41] Dornes, Modernisierung der Seele, 58.

[42] Dornes, Modernisierung der Seele, 290.

[43] „Eine wesentliche Veränderung in der Vorstellung einer guten Ehe besteht (…) darin, dass früher eine ruhige Ehe als gut galt, während heute die Fähigkeit, Konflikte auszutragen und nicht unter den Teppich zu kehren, zur Idee und Praxis einer guten Beziehung gehört“, Dornes, Modernisierung der Seele, 74.

ziehungsbedingungen ergeben. Doch bei all den Problemen, unter Freiheitsbedingungen seinen Weg als Mutter, Vater oder als Kind zu finden, haben die verflüssigten familiären Strukturen keineswegs zu einer Verwahrlosung der Beziehungen geführt. „Zum ersten hat noch in keiner Generation zuvor sich die Mehrzahl der Eltern so hingebungsvoll und zeitintensiv im ihre Kinder gekümmert wie heute; zum zweiten war dementsprechend in keiner anderen Generation das Verhältnis zwischen Kindern und Eltern so entspannt und solidarisch wie heute“[44]; zum dritten gibt es allerdings erschreckend stabile 15–20 % der Eltern, die mit sich und der Erziehung ihrer Kinder massiv überfordert sind, wo es entsprechend zu Vernachlässigung und sogar zu Misshandlungen kommt.

Wäre deshalb nicht die Rückbesinnung auf jene geordnete Familienstruktur des 20. Jahrhunderts naheliegend, die Kindern wie Erwachsenen mehr persönliche Stabilität und Reife ermöglichte? Dornes schreibt: „Die hohe faktische Verbindlichkeit früherer Zeiten war (…) nicht (…) auf größere psychische Reife zurückzuführen, sondern eher auf ein Gemisch von religiösen Überzeugungen, wirtschaftlicher Abhängigkeit und juristischer Rahmungen, die die Beziehungsverbindlichkeit erzwangen und eine Entscheidung überhaupt nicht zuließen.“[45] Hinter die Befreiung aus dieser Konstellation kann es kein Zurück geben.

Erwerbsarbeit von Frauen zerstört Familie?

Die Emanzipation von Frauen aus der reinen Vollzeit-Mutter-Rolle ist sicherlich eine der gravierendsten Veränderungen im Zusammenleben der Geschlechter. Weibliche Bildungs-Gleichberechtigung und ihre dementsprechend verstärkte Berufstätigkeit haben die konventionelle Ein-Mann-Verdiener-Familie entscheidend verflüssigt.[46] Ohne eine rund-um-die-Uhr Betreuung durch die Mutter sehen hier manche das Aufwachsen der Kinder gefährdet, da ihnen so Zeit, Fürsorge und Stabilität fehlen. Der entscheidende Verdacht lautet in den Worten von Barbara Vinken: „je mehr Frauenberufstätigkeit, desto bedrohtere Familien“[47]. Dazu zwei empirisch grundierte Beobachtungen.

Zum einen scheint sich die Erwerbstätigkeit von Frauen gerade nicht zwangsläufig negativ auf das Wohlbefinden der Kinder auszuwirken. In der

[44] Dornes, Modernisierung der Seele, 243.
[45] Dornes, Modernisierung der Seele, 63.
[46] Vgl. Schneekloh - Leven, Familie als Zentrum, 70–72.
[47] Barbara Vinken, Die deutsche Mutter. Der lange Schatten eines Mythos, Frankfurt/M. 2007, 77.

World-Vision-Studie von 2007 stimmten nur 5 % der Kinder der Aussage zu, ihre Mutter hätte zu wenig Zeit. 67 % waren völlig zufrieden und 27 % meinten, mal so mal so.[48] Außerdem verändert sich das Familienklima positiv in Richtung Partnerschaftlichkeit und Egalität, wenn die Mutter gleichberechtigt arbeitet und auch der Vater mal für die Kinder zuständig ist.[49] Was als neue Problematik entsteht ist allerdings der Aufwand für zeitliche Koordination. Gemeinsame unbelastete Familienzeit ist nicht einfach da, sondern dafür muss im Doing Family immer neu gesorgt werden.[50]

Zugleich darf aber ein ganz anders gelagerter Trend nicht übersehen werden, der nämlich gleichzeitig eine erstaunliche Stabilität familialer Geschlechterverhältnisse nahelegt.

> „Mit der Geburt des ersten Kindes setzt ein Prozess der Retraditionalisierung ein. Hausarbeit und Kinderbetreuung werden mehr und mehr zur Aufgabe der Frauen. (…) Gemäß den Daten des European Social Survey gehört Deutschland zu den europäischen Ländern mit der geringsten Kooperationsrate der Männer bei Haushaltstätigkeiten (Zahlen von 2009, M.S.). In den Familien besteht eine hohe Diskrepanz zwischen dem von beiden Partnern präferierten und dem tatsächlich praktizierten Arrangement."[51]

Das Problem der Vereinbarkeit von Kinder und Beruf bleibt damit aus institutionellen und sozialmoralischen Gründen an den Frauen hängen. Die aktuelle institutionelle Rahmung, etwa das Ehegattensplitting, Gehaltsunterschiede und hoher Erwartungsdruck an die Mutterrolle, drängen junge Familien in eine traditionelle Rollenaufteilung, die viele von ihnen für sich normativ eigentlich ablehnen.

Das heißt: Das Recht von Frauen auf ein eigenständiges Leben zerstört keineswegs Familie, aber es verändert sie und damit auch die Rolle des Mannes und das Aufwachsen der Kinder. Väter sind nicht mehr nur als Beschützer und Ernährer gefragt, sondern auch in Alltagssorge und Erziehung. Und Kinder sind zu Hause mehr mit dem Vater und vermehrt außerhaus mit anderen Kindern konfrontiert. Beides scheint eher kein Nachteil zu sein.

---

[48] Schneekloh – Leven, Familie als Zentrum, 92.

[49] Vgl. Jurczyk – Klinkhard, Vater, Mutter, Kind?, 53.

[50] Vgl. Martina Heitkötter u. a. (Hg.), Zeit für Beziehungen? Zeit und Politik für Familien, Opladen 2009.

[51] Michael Meuser, Entgrenzungsdynamiken. Geschlechterverhältnisse im Umbruch, in: APuZ 40 (2012), http://www.bpb.de/apuz/144851/entgrenzungsdynamiken-geschlechterverhaeltnisse-im-umbruch?p=all [Zugriff: 1.6.2015].

Diakonische Dekonstruktionen: Wie Realitätskontakte die Ehe- und Familienlehre öffnen (könnten)

Dekonstruktion heißt nicht Zerstörung, jedenfalls nicht nur und nicht zuerst. Es geht darum, eine bekannte Formation solange zu zerlegen und auf ihre verdeckten Vorrausetzungen hin zu befragen, bis sich daraus und darin etwas Neues zeigt. Etwas, das bisher nicht gesehen wurde, das sich aber als ganz entscheidend herausstellt. In diesem Sinne dekonstruieren de facto viele Erfahrungen an pastoralen und vor allem diakonischen Orten die geltende Ehe- und Familienprogrammatik von Kirche.

Eine hauptamtliche Basiserfahrung lautet: Man ist im pastoralen Dienst qua Dienstrecht dazu gezwungen Positionen zu vertreten, die einem den Boden für eine gelingende Seelsorge oder Sozialarbeit entziehen. Man kann jetzt diesen Riss zwischen Praxis und Programmatik beklagen. Man kann ihn verdecken und verschweigen, weil er einen fast zerreißt. Und es gibt den Spielraum diesen Riss als das zu entdecken, was er auch ist, nämlich eine produktive Öffnung, aus der heraus eine andere Familientheologie sichtbar wird. Die pastorale Leitfrage formuliert Regina Ammicht-Quinn: „Was sind die theologischen „Zeichen der Zeit" jener Lebensformen, die Menschen in ihrer Sehnsucht nach intimer und kreativer Nähe heute (ver)suchen?"[52]

Gott ist vor Ort: Zum Beispiel im Lebenszeugnis von Alleinerziehenden

Wenn sich Eltern trennen ist das für alle Beteiligten ein einschneidendes Ereignis.[53]

> „Alleinerziehende Frauen haben oft physische und psychische Gewalterfahrungen hinter sich, sie fühlen sich gedemütigt und verunsichert, haben noch keine konkreten neuen Zukunftspläne, haben Angst vor Kritik und Abwehr. In dieser Situation suchen sie vorurteilsfreie Unterstützung und Hilfe, wünschen sich andere Frauen, Beraterinnen und Gleichgesinnte, die ihnen zuhören, denen sie sich anvertrauen können."[54]

[52] Ammicht-Quinn, zitiert nach Bucher, Ziemlich irrelevant, 100.

[53] Ich folge hier der schon etwas älteren aber theologisch immer noch treffenden Darstellung in Birgit Schneider, Trennung und neues Leben. Theologische Begründung der Alleinerziehendenpastoral, in: SdZ 217 (1999), 474–482. Zur signifikanten Zeitsituation von Alleinerziehenden vgl. Uta Meier-Gräwe – Irene Kahle, Balance zwischen Beruf und Familie – Zeitsituation von Alleinerziehenden, in: Heitkötter u. a. (Hg.), Zeit für Beziehungen, 91–110.

[54] Schneider, Trennung und neues Leben, 478.

Doch auch wenn der Alltag von Alleinerziehenden durch die Dreifachbelastung von Kindererziehung, Haushalt und Beruf grundsätzlich überfordert. Viele entdecken darin auch neue Fähigkeiten und Freiheiten. Sie übernehmen viel Verantwortung, entwickeln Stolz auf das, was gelingt und werden offen für neue Freundschaften und soziale Beziehungen. Auch die Auswirkungen auf Kinder sind keineswegs immer gleich. Entwicklungspsychologische Studien betonen die Gefährdungseffekte, kindersoziologische Studien weisen dagegen auf die konstruktiven Bewältigungs-Strategien der Kinder hin, auf ihre Resilienz.

Vieles hängt am sozialen Umfeld, an der Reaktion von Freunden, Bekannten, Arbeitskolleg_Innen, ... Was besonders nachdenklich macht: Eine große Rolle spielen offenbar stigmatisierende Vorstellungen einer harmonischen Kernfamilie, die andere, ungewöhnliche familiale Lebensformen abwerten und ein Scheitern damit begünstigen. Es ist deshalb kein Wunder:

> „Alleinerziehende tun sich im allgemeinen schwer mit der Kirche. Als ledige oder geschiedene Mütter leben sie nicht nach tradierten katholischen Normen einer vollständigen und heilen Familie. Oft fühlen sie sich daher stigmatisiert und ausgeschlossen vom scheinbar so intakten Leben in der Gemeinde, fürchten moralisierende Schuldzuweisungen und Kritik und erleben manche Distanzierung und zu wenig Zuspruch oder Unterstützung in ihren konkreten Sorgen und Nöten."[55]

Alleinerziehende und ihre Kinder bekommen immer wieder das Fehlen einer sogenannten „intakten" Familie gespiegelt. Auch Martin Dornes vermutet: „Würde das individuell und kulturell nicht mehr als Defizitmodell betrachtet, könnten sich auch die Folgen für die Kinder abmildern."[56]

In der pastoralen und caritativen Praxis gibt es hier unterhalb der normativen Programmatik zugleich viele konstruktive Angebote: Stärkende Seelsorge, therapeutisch orientierte Beratung und Austausch unter jenen, die in einer ähnlichen Situation sind. Das tut nicht nur den Müttern (und den wenigen alleinerziehenden Vätern) gut, sondern auch den Kindern: „Sie brauchen sich nicht zu verstellen; stattdessen spüren sie die Wertschätzung und Achtung, die ihren Müttern und auch ihnen selbst als ganz ‚normale' Familien entgegengebracht wird. Auf diese Weise erleben und genießen Kinder die Räume der Kirche als wohltuende und sie schützende Heimat –

[55] Schneider, Trennung und neues Leben, 476.
[56] Dornes, Modernisierung der Seele, 56.

eine prägende Erfahrung, die ihnen zu einer gesunden und keineswegs defizitären Identität verhilft."[57]

Damit erscheinen Alleinerziehende weniger als bemitleidenswerte Menschen, die daran gescheitert sind, eine intakte Ehe und Familie zu leben. Sie haben aus ihrer eigenen Lebensgeschichte heraus das Potenzial zu Zeugen des Evangeliums zu werden.

> „Alleinerziehende Frauen und Männer, die in Trennung und Scheidung gereift sind, besitzen aus diesen Erfahrungen heraus ein reiches Lebenswissen, auf das die Gesellschaft und vor allen Dingen auch die Kirche nicht verzichten dürfen, ja geradezu angewiesen sind. Die Lebenszeugnisse von Menschen, die von Verletzung, Selbstzweifel und Trauer, aber auch von Neuanfang, Hoffnung und Gnade erzählen, sind eine Quelle der Kraft und ein Zeugnis der heilenden Liebe Gottes für alle Menschen. Sie sind Zeugnisse, die die Gemeinschaft braucht. Wenn wir Christen davon überzeugt sind, daß Gott ein heilender Gott ist, der Zukunft eröffnet und ein Leben in Fülle verspricht, dann müssen wir kompromisslos eine Seelsorgepraxis innerhalb unserer Kirche pflegen, die Menschen in Krisen (...) durch dick und dünn begleitet, und wir sollten bereit sein, von den reichen Lebenserfahrungen alleinerziehender Frauen und Männer zu lernen."[58]

Caritasorte verändern Familientheologie

Welche theologiegenerativen Aspekte lassen sich von daher entdecken? Drei Thesen dazu.

1. Wer das Familienideal unverletzt rein halten will, verletzt das Leben von Menschen. „Andere Formen der Lebensgemeinschaft können demgegenüber nur als mängelbehaftete Abweichung firmieren, die im günstigsten Fall im Modus der wohlwollenden Zuwendung klientifiziert, im ungünstigsten Fall als schuldhafte Verfehlung verurteilt wird."[59] Das führt in der kirchlichen Praxis zu katastrophalen, respektlosen Ausgrenzungsdynamiken. „Menschen, die in zerbrechenden, alleinerziehenden oder homosexuellen Lebensgemeinschaften leben, machen in kirchlichen Kontexten immer wieder Erfahrungen der Stigmatisierung, Diskriminierung und Ausgrenzung."[60]

---

[57] Schneider, Trennung und neues Leben, 479.
[58] Schneider, Trennung und neues Leben, 481.
[59] Dinges, Lebensgemeinschaften, 96.
[60] Dinges, Lebensgemeinschaften, 96.

2. Wer umgekehrt die Verletzlichkeit des Lebens vom Evangelium her befreiend begleiten will, muss in der Familienlehre von der Idealisierung auf Solidarisierung umstellen, von der moralischen Beurteilung auf die solidarische Aktion. „Kirche darf nicht als allwissende Lehrmeisterin und moralische Instanz über die Menschen und ihre Welt urteilen.“[61] Die Unterscheidung in normale und andere, lehramtlich als irregulär bezeichnete Familienformen ist deshalb inhaltlich zu unterlaufen. Ein-Eltern-Familien sind eben auch „normale“ Familien, rein soziologisch und auch von ihrer Qualität her. Theologisch ist damit auch der Konnex Ehe und Familie in der bisherigen rigiden Kopplung nicht aufrecht zu erhalten.

3. Es braucht in der Lehre offenbar eine Neubewertung bisheriger Selbstverständlichkeiten, eine kontextuelle Neuformatierung der kirchlichen Familien- und Partnerschaftstheologie. Beim Thema Ehe und Familie sind also weniger pastoral-caritative Anpassungen der Barmherzigkeit notwendig, sondern ein wirklicher Fortschritt „in der Durchdringung der Lehre“, also auf der Ebene der harten dogmatisch-theologischen und dann auch kirchenrechtlich relevanten Vorgaben.

Ich halte deswegen einen diakonischen Perspektivenwechsel für notwendig. Das ist leicht missverständlich. Diakonisch meint gerade nicht paternalistische Hilfe für die Gescheiterten. Dahinter steht vielmehr die Vermutung, dass an Orten der Caritas und einer diakonischen Seelsorge de facto eine andere, eine verletzbare Theologie familialer Lebensformen entsteht.[62]

Die sanktionsorientierte kirchliche Familienlehre verhindert bisher weitgehend, dass diese Theologie auch in Sprache und damit in den Diskurs kommt. Caritasorte können nämlich der ganzen Vielfalt des Doing family nicht so einfach ausweichen, sondern es ist ihr Auftrag, sich genau darin als Berater_Innen oder Sozialarbeiter_Innen zu engagieren. Doch das Verhältnis dieser Praxis zur christlichen Botschaft läuft meist darauf hinaus, dass Caritasorte ihre Beschäftigung mit „irregulären Familiensituationen“ vor dem normativen Familienideal verantworten müssen. Die Soziale Arbeit

[61] Schneider, Trennung und neues Leben, 477.

[62] Insofern haben Caritasorte eine hohe kairologische Relevanz. „Dem Diakonischen kommt im Gesamt der Kirche eine Art Entdeckungsfunktion zu. Diakonische Einrichtungen befinden sich häufig in gesellschaftlichen Räumen, zu denen die Pfarrgemeinde und die Amtskirche nur schwer einen Zugang finden oder in denen sie sie nur als Besucher, als ‚Flaneure‘ (…) auftauchen. Insofern divergieren die Beobachtungen einer Gottesdienstgemeinde, eines Ordinariats und einer Bahnhofsmission beträchtlich. (…) Darüber hinaus ist das Diakonische auch ein innovativer Bereich, in dem neue Formen von Kirche entstehen. Insofern eignet ihm ein beträchtlicher zeitdiagnostischer Wert.“ Jochen Ostheimer, Zeichen der Zeit lesen. Erkenntnistheoretische Bedingungen einer praktisch-theologischen Gegenwartsanalyse, Stuttgart 2008, 178.

der Caritas dürfe hier „nicht zu weit gehen" und Seelsorge noch viel weniger weit, um den Verkündigungsauftrag nicht zu „verdunkeln".

Diakonischer Perspektivenwechsel heißt hier: Aus der Perspektive des Evangeliums muss man umgekehrt noch viel weiter gehen, in einer größeren Weite denken und die Dinge vom Kopf auf die Füße stellen. Die Erfahrungen an karitativen und anderen pastoralen Orten mit den vielfältigen, auch gefährdeten Lebensformen von heute sind Teil des „sensus fidelium", des gemeinsamen Glaubenssinns im Volk Gottes. Die Familienpraxis der Menschen von heute besitzt eine eigene Aussagefähigkeit gegenüber dem lehramtlichen Diskurs. Nicht um alles einfach abzusegnen, was hier passiert. Aber die Frage stellt sich doch: Was heißt es theologisch, dass sich auch jenseits der überkommenen Familiennorm ein oft gelungenes, sich auch selbst christlich verstehendes Zusammenleben der Generationen ereignet; dass es ganz unterschiedliche Lebensmodelle gibt, in denen Partnerschaft und Kindererziehung genauso gelingen und scheitern kann, wie in anderen?

Diakonische und andere pastorale Orte sind jedenfalls nicht die Vollzugsbeamten dogmatischer Vorgaben zum Familienideal – und in den Ordinariaten weiß man im Stillen – Gott sei Dank![63]

Es braucht gerade in Familienfragen einen Ortswechsel der Kirche[64] von einer weltanschaulichen Normalisierungsagentur, die jene Ideale auch institutionell weiter hochhält, an denen das Leben von Menschen zerbricht, hin zu einer Solidaritätsagentur mit den Risiken, die das wild bewegte Doing Family für Männer und Frauen, für Kinder und ältere Menschen heute bedeutet. Was dort an Ereignissen und Erfahrungen passiert, das wäre auch in den normativen Diskurs von Theologie und Kirche hinein zu buchstabieren. Denn die Wahrheit des kirchlichen Eintretens für Familie wäre größer und weiter, als der aktuelle Familialismus es zulässt.

---

[63] Auch hier lebt Kirche vor Ort massiv aus den Ereignissen einer „kriminalisierten Pastoral", wie Ottmar Fuchs das immer nennt. Kirchliche Familienlehre muss sich heute fragen lassen, ob sie mit dem normativen Familialismus nicht mit dazu beiträgt, dass das Leben der Menschen unter zusätzlichen, religiös legitimierten Druck gerät. Genau hier gibt es eine notwendige Einspruchsfunktion der Erfahrungen von Menschen, die um ihre Würde ringen, weil sie in den intensiven Nah-Beziehungen mit Gefährdungen, mit Scheitern und Gewalt konfrontiert sind. In solch destruktiven Beziehungen scheitern Menschen aneinander und dort scheitert mit ihnen auch der Gott Jesu. Kirche und Sakramente können doch nicht dazu da sein, die Wunden, die das Leben schlägt, auch noch religiös zu vergrößern.

[64] Vgl. Christian Bauer, Ortswechsel der Theologie. M.-Dominique Chenu im Kontext seiner Programmschrift, „Une école de théologie: Le Saulchoir", 2 Bde., Berlin 2010.

Christliche Identität im Raum der Ermöglichung

Theologisch ist das deshalb notwendig, weil christliche Identität selbst nicht einengend festlegt, sondern einen Raum der Ermöglichung und des Neubeginns eröffnet.[65] Nach Michel de Certeau[66] gehört es zur christlichen Offenbarung, dass wir keinen eindeutigen Zugriff auf das Ursprungs-Ereignis haben. „Die Wahrheit des Anfangs enthüllt sich nur durch den Raum von Möglichkeiten, den sie eröffnet"[67], so Certeau. Das Grab ist leer und auch auf dem Weg nach Emmaus ist Jesus in dem Moment verschwunden, in dem er identifiziert werden könnte. Die Jünger müssen sich ihren eigenen Reim darauf machen, ihre eigene Theologie und Lebenspraxis entwerfen. „Das Ereignis faltet sich aus (es verifiziert sich) im Modus des Verschwindens in den Differenzen, die es möglich macht."[68] *Die Frage ist also nicht, worauf legt uns die Tradition fest, sondern welche Horizonte eröffnet sie uns für das Leben in der Gegenwart.*

Eine diakonische Theologie familialer Lebensformen ist nicht mehr gezwungen, mit einem idealen Ordnungskonzept von Familie solidarisch zu sein. Sie hat vom Evangelium her allein mit der Suche jener Menschen solidarisch zu sein, die in der Gegenwart um ein gelingendes Leben ringen und dabei in aller Verletzlichkeit ihre Würde nicht aufgeben wollen. Es geht darum, die Risse und Brüche des faktischen Lebens zu dokumentierten und „zu unterscheiden, was darin wahre Zeichen der Gegenwart und der Absicht Gottes sind" (*GS 11*). Eine diakonische Theologie würde anwaltschaftlich diesen gefährdeten Familien-Erfahrungen von heute Ausdruck verleihen. Damit würde sie die Flächigkeit des systematisch-lehramtlichen Normalisierungsdiskurses verschieben, aufbrechen, unterhöhlen, in Frage stellen und auf das Nicht-Beachtete bzw. als irregulär Abgewertete hin öffnen. Denn gerade das Krumme und Unordentliche in Beziehungen und im Verhältnis der Generationen, das ist das „Normale": „Wer ohne Sünde ist, werfe den ersten Stein" (Joh 8,7).

[65] Vgl. dazu ausführlicher und von den veränderten Zeitstrukturen der Gegenwart her begründet Michael Schüßler, Mit Gott neue beginnen. Die Zeitdimension von Theologie und Kirche in ereignisbasierter Gesellschaft, Stuttgart 2013.

[66] Einen ganz ähnlichen Bezug auf de Certeau entwirft auch Christian Bauer am Ende seines Beitrags.

[67] De Certeau, Glaubensschwachheit, 176.

[68] De Certeau, Glaubensschwachheit, 177.

Abschied vom familienbezogenen Besserwissen

Christen besitzen kein familienbezogenes Besserwissen. Wie Certeau ist der dänische Theologe Knud E. Logstrup (1905–1981) der Meinung, dass es in der Frage der Lebensformen aus christlicher Perspektive nichts zu reglementieren gibt. Christliche Ethik und Existenz besteht nicht einfach im Befolgen naturrechtlicher oder biblischer Normen. Das Evangelium bringt kein neues Gesetz. Es befreit uns vielmehr auch in Fragen der Lebensformen auf eine Offenheit hin, die sich nur am diakonischen Maß der je größeren Lebensmöglichkeiten des und der Anderen orientiert. Was das aber in einer Situation oder einer Biographie jeweils bedeutet, das steht weder in der Bibel, noch im Katechismus, sondern das liegt in unserer unvertretbaren Verantwortung vor Gott. „Ein Mensch, für den die christliche Botschaft die entscheidende Wahrheit über seine Existenz ist, kann aus dieser Botschaft nicht besondere, christliche Argumente etwa für die oder die Auffassung der Ehe, der Erziehung (…) der politisch-wirtschaftlichen Gesellschaftsordnung (…) holen, sondern muß für seine Ansichten (…) wie jeder andere argumentieren“[69], so Logstrup.

Das Leben ist eine Gabe Gottes, die wir mit Mut, Kreativität und Phantasie füreinander riskieren müssen, und kein Kerker aus religiösen Geboten und gesellschaftlichen Konventionen.[70] Keine ehe- und familienpolitische Position der Kirche ist also unaufgebbar. Unaufgebbar ist nur der Auftrag, Zeichen und Werkzeug für das Evangelium als die gute Nachricht im Leben der Menschen zu sein (Vgl. *Lumen Gentium 1*). Familie ist dann nicht die immer schon gewusste Antwort auf alle Fragen der Lebensführung. Familie und wie familiale Lebensformen heute überhaupt gelebt werden können, das ist keine Antwort, das ist die Frage. Aufgabe von Theologie wäre es, die Frage nach der Familie als potenziellen Ereignisort des „Evangeliums“ offen zu halten. Oder wie Hilary Putnam es formuliert: „Unser Problem besteht nicht darin, dass wir zwischen einer gegebenen Anzahl von ‚besten Lebensweisen‘ wählen müssten; unser Problem besteht darin, dass *wir nicht einmal eine einzige solcher ‚besten Lebensweisen‘ kennen.*“[71]

[69] Knud E. Logstrup, Die ethische Forderung, Tübingen 1959, 123.

[70] So auch Walter Kasper, Das Evangelium von der Familie, Freiburg – Basel – Wien 2014, 13 f.

[71] Hilary Putnam, zitiert nach Jaeggi, Kritik von Lebensformen, 12.

Die Heilszusage der Nachfolge entscheidet sich nicht an der Lebensform

Im Stichwortverzeichnis des Lehrbuches zum historischen Jesus[72] von Gerd Theißen und Annette Merz finden sich zwei familienrelevante Einträge, zur Familie Jesu und zur „Familienkritik". Das ist aussagekräftig, denn es ist erstens wenig und es ist eben zweitens kritisch. In den Evangelien sind Ehe und Familie gegenüber dem Reich Gottes sekundäre Größen. Familiale Bande können Orte der Nachfolge sein, wenn der Vater den verlorenen Sohn vorbehaltlos wieder aufnimmt. „Sie können aber auch zum Hindernis werden, das um der Nachfolge willen kritisiert wird. Sie haben in sich keinen letzten Wert."[73]

Ein paar Beispiele: Mk 3,33 ff steht gegen die ganze naturrechtliche Familientheologie: „Wer ist meine Mutter, wer sind meine Brüder? Und er blickte auf die Menschen, die im Kreis um ihn herumsaßen, und sagte: Das hier sind meine Mutter und meine Brüder. Wer den Willen Gottes erfüllt, der ist für mich Bruder und Schwester und Mutter." Unter dem Kreuz stiftet Jesus familiäre Bande jenseits der Blutsverwandtschaft (Joh 19,26 f). Und Gal 3,28 steht gegen jede vorgenormte Geschlechtsrollenzuweisung: In Christus gilt nicht mehr Mann oder Frau![74]

Stephanie Klein zieht daraus die Konsequenz:

> „Wenn der Ruf in die Nachfolge und die Hinwendung zur Botschaft des Reiches Gottes alle Verpflichtungen durch Familie, Besitz, Gesetz und Ethos relativiert, dann besagt das auch, dass nicht eine bestimmte Lebensform an sich ein Weg der Nachfolge ist, sondern alle Lebensformen der Suche nach dem Reich Gottes dienen sollen. ... Die Unmöglichkeit, das Heil durch die richtige Lebensform erwerben zu können, relativiert jeden Versuch der Hierarchisierung von verschiedenen Lebens- und Familienformen."[75]

Das heißt: Aus der Perspektive des Reiches Gottes verliert die Frage nach der richtigen Lebensform an Bedeutung. Es kommt inhaltlich darauf an, den Willen des Vaters zu tun und das ist nicht an eine bestimmte Lebensform

[72] Vgl. Theißen, Gerd – Merz, Annette, Der historische Jesus. Ein Lehrbuch, Göttingen 2001.

[73] Morgenthaler, Systemische Seelsorge, 40.

[74] Vgl. Isolde Karle, „Da ist nicht mehr Mann noch Frau...". Theologie jenseits der Geschlechterdifferenz, Gütersloh 2006.

[75] Stephanie Klein, Ehe und Familie zwischen Idealisierung, Geringschätzung und Alltagswirklichkeit. Ansätze zu einem neuen theologischen Verständnis der Vielfalt der Lebensformen, in: Intams review 18 (2012), H. 2., 134–146, 143.

gebunden. Jede Lebensform steht unter der Zusage, in ihr die Hingabe an das vom anderen Notwendige zu leben!

Schwelle

Von hier aus kann man jetzt versuchen, auf den Reichtum unserer Glaubenstradition noch einmal anders zuzugreifen. Welche theologischen Gleise müssten anders verlegt oder neu befahren werden, um den Realitäten familialen Lebens heute vom Evangelium her gerecht zu werden?

Es bleibt ein Anliegen der Pastoral, Menschen von der Treue Gottes her zu langfristigen Beziehungen zu ermutigen, es also auch durch Krisen hindurch miteinander auszuhalten. Dies darf allerdings nicht mehr als normalisierende Idealisierung, als eine Art göttliche Messlatte des Lebens verstanden und verkündet werden. Der christliche Gottesbegriff taugt überhaupt nicht zu Idealisierungen, weil er erst im leidvollen Risiko des Menschseins zu sich selbst kommt. Von dort her stellen sich dann Fragen an eine verletzbare Theologie familialer Lebensformen.

Wie geht heute eine Pastoral familialer Lebensformen, die nicht verurteilt, sondern die Realität Gottes als Rückenstärkung in unheilvollen Zusammenhängen entdeckt? Wenn das Lebenszeugnis der Menschen selber theologische Qualität hat, dann könnten wir dort etwas entdecken. Wo gibt es diese Neugier und praktische Lernbereitschaft in kirchlichen Kontexten?

Rekonstruktionen: Familientheologische Lockerungsübungen

Was bedeutet eigentlich „Scheitern" in der Familienpastoral?

Was ist eigentlich gemeint, wenn in Bezug auf Familie vom „Scheitern" die Rede ist? Wie sinnvoll ist es überhaupt theologisch, Lebensformen nach „gelingen" und „scheitern" einzuteilen? Heißt scheitern, ein vorgegebenes Konzept nicht erfüllt zu haben? Oder geht es vielleicht eher darum, dass Menschen nicht erreichen, was sie sich in ihrem Leben vorgenommen haben? Dass sie ihren eigenen Ansprüchen nicht gerecht geworden sind, auch den Ansprüchen gegenüber dem Partner? Dass Menschen an ihren Beziehungsrealitäten zu verzweifeln drohen? Müsste die Frage dann nicht lauten: Welche Horizonte der Lebensbewältigung erweisen sich auch in den unglücklichsten Momenten als Hoffnungsquelle?

Die Kriterien des Scheiterns verknüpfen sich dann nicht mehr automatisch mit dem Nichterfüllen einer Norm, etwa der unauflöslichen Dauerhaftigkeit. Diese kann ja in vielen Eherealitäten selbst die zerstörende Qualität eines fortlaufenden Scheiterns annehmen. Das Verbot der Trennung erzeugt dann gegen die eigene Intention eine praktisch „unbewohnbare“[76], weil destruktive Lebensform und stellt diese auf Dauer. Und umgekehrt ist wohl auch richtig: „Jemand, der in der definitiven Treue zu einer Lebensform gescheitert ist, scheitert in vielerlei anderer Hinsicht nicht: anderen Menschen gegenüber, aber selbst seinem ehemaligen Partner gegenüber nicht, dem gegenüber er ja auch weiter spezifische Verpflichtungen hat“[77], im besten Fall auch den eigenen Kindern aus der ehemaligen Partnerschaft gegenüber nicht. Die heute theologisch zu verantwortenden Kriterien für das Scheitern und „für das Gelingen von Lebensformen beziehen sich auf die Bewältigung von praktischen Widersprüchen und Konflikten, nicht aber auf abstrakt bestehende Normen des Zusammenlebens, denen entsprochen oder nicht entsprochen wird“[78].

Es soll also nicht verdrängt werden, dass es im familiären Zusammenleben natürlich Verletzungen, Konflikte und die Erfahrung des Scheiterns gibt. Aber eben nicht mehr primär gegenüber einer vordefinierten Lebensform, sondern in den eigenen Erwartungen und vor allem in der Beziehung zum Anderen. Welche Rolle spielt dann hier der Bezug auf Gott und das Evangelium? Kann man zusätzlich auch noch, quasi religiös verdichtet, an und gegenüber Gott scheitern? Wie schafft es ein theologischer Diskurs, nicht weiter in richtender Moralisierung stecken zu bleiben?

Mir scheint, dass auch die Kategorie der Barmherzigkeit hier noch unterhalb dessen bleibt, was nötig und möglich wäre. Wenn etwa für wiederverheiratet Geschiedene eine Bußzeit gefordert wird, bleibt der Maßstab oft weiterhin das Scheitern am vorgegebenen Ideal. Die tatsächlichen Beziehungserfahrungen spielen eine untergeordnete Rolle.

> „Auch der wichtige Begriff der „Barmherzigkeit“, den Kurienkardinal Walter Kasper in die Debatte gebracht hat, definiert ein Oben und ein Unten. Jeder Mensch ist auf Barmherzigkeit angewiesen. Wenn aber eine Institution Regeln für diese Barmherzigkeit definiert, schreibt sie auch das Oben und das Unten fest.“[79]

Magnus Striet meint von daher:

[76] So im Anschluss an Terry Pinkard: Jaeggi, Kritik von Lebensformen, 227.
[77] Bucher, Ziemlich irrelevant, 92.
[78] Jaeggi, Kritik von Lebensformen, 227.
[79] Drobinski, Verwirrender Lichtstrahl.

„Wer für sich beansprucht, barmherzig zu sein, denkt immer noch aus einer hierarchisierenden Perspektive und läuft Gefahr, sich zu sicher zu wähnen in der Unterscheidung von Richtig und Falsch. Vielleicht hält der Barmherzigkeitsbegriff davon ab, sich selbst infrage zu stellen und darauf aufzumerken, dass das, was man schmallippig mit Barmherzigkeit, und das heißt: vermeintlich ungeschuldet toleriert, schon lange Anerkennung verdient."[80]

Denn die im Leben Gescheiterten und Scheiternden, die Problembeladenen und auf ein Verzeihen angewiesenen, das sind nicht die Anderen, das sind wir in Kirche und Caritas immer auch selbst.[81] Kirche ist nicht der Ort einer besseren Gesellschaft, sondern lebt auch familial mit und in den gleichen Problemen und Herausforderungen, wie alle anderen. Die Vielfalt familialer Lebensformen von heute, besonders der armen und ausgegrenzten Menschen, ist auch die Vielfalt familialer Lebensformen der Jünger und Jüngerinnen Christi. Und es gibt darin nichts wahrhaft Menschliches, was nicht in ihren Herzen Widerhall fände (in Entsprechung zu *Gaudium et spes 1*).

In kirchlichen Beratungskontexten zeigt sich: Es entsteht eine befreiende Erleichterung, wenn an pastoralen Orten offen, sanktionsfrei und nicht urteilend über Familie gedacht und geredet wird. Es wäre ihre evangeliumsgemäße Qualität, wenn dort die Erfahrung möglich wäre: Ich muss nicht „ungescheitert" sein, um von Gott anerkannt zu werden. Auch kirchliche Mitarbeiter_Innen müssten dann kein perfektes Familienleben vorweisen. Das Evangelium wird heute wohl weniger darin bezeugt, ob eine heroische Treue zu einer einmal getroffenen Lebensentscheidung gelingt, sondern eher ob und wie Beziehungen und Partnerschaften mit der nötigen Wahrhaftigkeit gelebt werden können.

Für eine theologische Kriteriologie scheint es hier weiterführend, dass der Verzicht auf eine moralische Bewertung selbst ein ethischer Akt sein kann. Verena Rauen kommt in ihrer Untersuchung „Zur Ethik der Urteilsenthaltung" zu dem Schluss:

„Die Möglichkeit der Gelassenheit, das heißt des Lassen-Könnens von Rache und letztlich auch des Ablassen-Könnens von eigenen Urteilsansprüchen und reaktiven Gefühlen der Machtausübung ermöglicht ein Zusammenleben, das der zeitlichen Schuldverkettung des Lebens Rechnung trägt, ohne diese zum Hauptantriebsgrund der Ethik zu machen. Ein Zusammenleben, das nicht durch die rechnerische Zeit der Schuld und des Urteils, sondern

[80] Striet, Bischof, tu was!

[81] Diesen Hinweis verdanke ich Dirk Steinfort vom Theolog_Innen-Netzwerk der Caritas Rottenburg-Stuttgart.

durch die diskontinuierliche Zeit des Verzichts auf Urteile gegenüber dem Anderen ermöglicht ist, durch die stets sich ermöglichende Öffnung der rechnerischen Zeit der Schuld für den Wiederanfang."[82]

Das heißt: Nicht eine an Sanktionen gebundene Barmherzigkeit, sondern der Horizont eines vorgängigen Verzeihens ermöglichen wahrhaftige, und auch vor Gott wahrhaftige Partnerschaften und Beziehungen. Gegen das Aufrechnen von Schuld mit einem vorgängigen Verzeihen zu rechnen, das meint doch nichts anderes, als dass Gott mit seiner Gnade unserem Tun immer schon zuvorkommt.[83]

Dann ist klar: Alleinerziehende, arme Familien oder prekär zusammengewürfelte Familienkonstellationen bestehen nicht aus bemitleidenswerten Menschen, die daran gescheitert sind, eine intakte Ehe und Familie zu leben.[84] Das Lebenswissen von Menschen, die von Verletzung, Selbstzweifel und Trauer, aber auch von Neuanfang, Hoffnung und Gnade erzählen, kann zum Zeugnis eines Gottes werden, der mit jedem Menschen immer neu beginnen will. Die Kirche kann darauf nicht verzichten, sie muss sogar auf die Autorität dieses Zeugnisses hören.

Treue, Sakrament und Elternschaft in pastoral-theologischer Perspektive

Die folgenden Überlegungen sind inspiriert von zwei anderen Positionen, die sich in diesem Band finden. Rainer Bucher macht den Vorschlag, die seit Augustinus klassische Ehezwecklehre nicht normativ, sondern kreativ aufzugreifen. Die drei Ziele Treue, Nachkommen und Sakrament wären heute nicht mehr als rechtliche Vorgaben zu verstehen, sondern als Hinweis auf ziemlich unausweichliche Lebensthemen familialer Existenz. Sie zeigen keine Lösungen an, sondern Existenzprobleme, zu deren gelingender Bearbeitung das Archiv der christlichen Tradition etwas beizutragen hat.

Was man theologie- und pastoralgeschichtlich dabei zu beachten hätte, macht Stephanie Klein deutlich. Der theologische Bezugspunkt aller lehramtlichen Aussagen über Familie ist nämlich bisher tatsächlich allein das

[82] Verena Rauen, Die Zeitlichkeit des Verzeihens. Zur Ethik der Urteilsenthaltung, Paderborn 2015, 353.

[83] Vgl. Zulehner, „Denn du kommst unserem Tun mit deiner Gnade zuvor…". Zur Theologie der Seelsorge heute. Paul M. Zulehner im Gespräch mit Karl Rahner, Düsseldorf 1984.

[84] Inwiefern Lebensformen überhaupt als gescheitert bezeichnet werden können, nämlich funktional und normativ, das diskutiert Rahel Jaeggi in der Perspektive eines praxistheoretisch gewendeten Hegel vgl. Jaeggi, Kritik von Lebensformen, 227–234.

Sakrament der Ehe und nicht die Familie selbst. „Familie ist in der Theologie kein eigenständiges Thema. (…) Die Aussagen zur Familie leitet das Lehramt theologisch aus der Ehe-Theologie ab."[85] Diesen vor allem auch im innerkirchlichen Sprachgebrauch viel zu selbstverständlichen Konnex „Ehe und Familie" gelte es heilsam zu entflechten.

Treue beschreibt eine echte Sehnsucht der Menschen von heute. Sie braucht keine Verurteilung, wenn sie scheitert, sondern soziale Experimentierräume für treue Lebensgemeinschaften und geistliche Horizonte, die Treue nicht einfach einfordern, sondern ermöglichen. Theologisch ist Treue keine Leistung, sondern Gnade. Entscheidend ist nicht, was wir für Gott tun, sondern was Gott an uns tut – nicht ob wir die Leistung lebenslanger Treue schaffen, sondern dass Gott uns vom Glauben her immer treu sein wird, auch wenn eine Ehe erloschen ist oder man an der Liebe zum anderen Menschen scheitert.

Es gibt biblische Texte, die in genau diese Richtung zeigen. Im 2. Timotheus Brief heißt es über Beziehung von Gott und Mensch in Christus: „Wenn wir mit Christus gestorben sind, werden wir auch mit ihm auferstehen. (…) wenn wir ihn verleugnen, wird auch er uns verleugnen" (2 Tim 2, 11b; 12b). Doch dieses Verhältnis eines „Wie du mir, so ich Dir", das die Taten von Mensch und Gott gegenseitig aufrechnet, ist nicht das letzte Wort und auch nicht das letzte Wort dieses Textes. Der nächste Vers lautet überraschenderweise: „Wenn wir untreu sind, bleibt er doch treu. Denn er kann sich selbst nicht verleugnen" (2 Tim 2, 13). Darin zeigt sich eine ganz andere Beziehung Gottes zu uns Menschen. Die Grenzen menschlicher Treue sind nicht die Grenzen der Treue Gottes zu uns. Darin liegt etwas von seiner Identität, nämlich die Beziehung nicht abzubrechen, auch wenn Menschen sie einseitig beenden.

Das entbindet uns nicht von einer verantworteten Partnerschaft, von Wahrhaftigkeit in unseren Beziehungen. Aber es zeigt: Wir müssen die unauflösliche Treue Gottes nicht in unauflöslichen Lebensformen retten, denn sie ist uns immer schon zugesagt. Unauflöslichkeit, das ist eine zuerst theologische Kategorie und meint die Unauflöslichkeit der Treue Gottes zu jedem einzelnen Menschen. Was heißt es also für eine Theologie und Pastoral familialer Lebensformen, wenn die Treue Gottes größer ist als die Treue zu bestimmten Lebensformen?

Sakramentalität als Unauflöslichkeit? Von diesem Gottesbild her verändert sich das Sakramentenverständnis und damit auch die theologische Bewertung familialen Zusammenlebens. Die Kopplung von Sakrament und Unauflöslichkeit ist noch stark vom Vertragsdenken geprägt. Bis her ist es

[85] Klein, Ehe und Familie, 138.

so: „Obwohl die katholische Ehetheologie die Ehe als Sakrament (…) bestimmt, Gottes Gnadenwirksamkeit also gerade in diesem Sakrament bis in die oft mühsame Alltäglichkeit hinein zuspricht, wird das Scheitern einer Ehe von Gottes Zuwendung – zumindest im Bereich der Lehre – nicht noch einmal umfangen."[86] Hier gilt es weiter zu denken. Denn das Sakrament der Ehe begründet nicht einfach nur einen kirchenrechtlichen Tatbestand, der die Norm definiert und alles andere ausgrenzt. Theologisch wäre die Bedeutung des Sakraments geradezu umgekehrt zu verstehen. Nämlich nicht als sakramental gesteigerte Drohung, wenn man scheitert, (denn dann scheitert man ja nicht nur am Anderen, sondern auch noch an den Geboten Gottes und damit irgendwie an Gott selbst), sondern als Zusage einer größeren Hoffnung, die auch Beziehungsabbrüche und das Risiko eines Neuanfangs umfängt. Das Ehe-Sakrament ist eine Zusage, die nicht von einem Gesetz erstickt werden darf. „Häufig verhalten wir uns wie Kontrolleure der Gnade und nicht wie ihre Förderer. Doch die Kirche ist keine Zollstation, sie ist das Vaterhaus, wo Platz ist für jeden mit seinem mühevollen Leben" (*Evangelii gaudium 47*).

Für die Ehe müsste man also theologisch entsprechendes Denken, was Karl Rahner einmal für das Sakrament der Priesterweihe angedacht hat: „Man könnte z. B. fragen, ob es wirklich mit dem sakramentalen Charakter des Priestertums unvereinbar wäre, wenn die Kirche ein selbstverständliches Ausscheiden aus dem Priesteramt, ein Ausscheiden, das den Betreffenden nicht moralisch disqualifiziert, ins Auge fassen würde"[87]. Analog ließe sich fragen, ob es wirklich mit dem sakramentalen Charakter der Ehe unvereinbar wäre, wenn die Kirche ein mögliches Ausscheiden aus dem sakramentalen Ehebund, das die Betreffenden nicht moralisch disqualifiziert, ins Auge fassen würde. Eine von einigen Innsbrucker Professoren verantwortet Stellungnahme erinnert hier dogmatisch an den alten und den neuen Bund, den Gott mit den Menschen geschlossen hat. „Das kirchliche Denken kennt also den Gedanken eines in gewisser Weise gescheiterten Bundes, neben den ein neuer tritt, ohne dass der alte dadurch nichtig würde."[88]

In vielen Diskussionsbeiträgen zum Thema ist also eine doppelte Sehnsucht zu erkennen: Wie können wir offensiv für die Dauerhaftigkeit der Ehe eintreten (Unauflöslichkeit) und zugleich den Neuanfang würdigen?

[86] Bucher, Ziemlich irrelevant, 91.

[87] Karl Rahner, Über die Zukunft der Gemeinden, in: Ders., Schriften zur Theologie 16, Zürich – Einsiedeln – Köln 1984, 160–177, 173.

[88] Theologisches Forschungszentrum RGKW, Nicht allein die katholische Christenheit erwartet ‚einen Sprung nach vorwärts'. Plädoyer für eine mutige Lehrentwicklung, http://www.uibk.ac.at/theol/leseraum/texte/1094.html [Zugriff: 4. 6. 2015], hier Ziffer 34.

Wie kann man die einseitige Fixierung auf die Vergangenheit besser austarieren?

In der Trauliturgie heißt es: Was Gott verbunden hat, darf der Mensch nicht trennen. Vielleicht ist dieser Satz aber in Wirklichkeit der erste Teil einer eigentlich viel umfassenderen Aussage. Gott hat nicht nur zu dem einen Zeitpunkt der Eheschließung mit den beiden Partnern zu tun, worauf sich das Trauversprechen bezieht, sondern doch wohl die ganze Zeit ihrer Existenz. Gott kann im Leben von zwei Menschen zeigen: Diese beiden Menschen gehören zusammen. Das wird in der sakramentalen Ehe vor Gott gefeiert. Was ist aber dann, wenn sich in der weiteren Lebensgeschichte zeigt, dass diese Beziehung irgendwann erloschen ist, dass sich die Menschen und Beziehungsnetze so verändert haben, dass sie nicht mehr zusammengehören? Was hat Gott dann damit zu tun? Wenn eine Beziehung auseinander geht, sind dann plötzlich daran allein die Menschen Schuld, während Gott seine Hände in Unschuld wäscht? Es ist ein Kernstück christlicher Theologie, dass Gott nicht nur für die gelingenden Aspekte des Lebens zuständig ist, sondern sich gerade dann als treuer Gott erweist, wenn Menschen mit Schmerz, Trennung und Verzweiflung konfrontiert sind.

Also: Bis, dass der Tod euch scheidet? Ist damit nur der biologische Tod gemeint, oder nicht auch der mögliche Tod einer Partnerschaft, wie man von der orthodoxen Tradition lernen könnte? Striet schreibt:

> „Keinem anderen als Gott wird in diesem Augenblick des Glücks das gemeinsame Leben überantwortet, das doch in jedem Fall eine Grenze erfahren wird, die des Todes. Aber es gibt auch den Tod vor dem biologischen Tod. Im Hinblick auf das Scheitern von Beziehungen bedeutet dies: Es wird auf Gott gehofft, dass er das gewollte und dann doch gescheiterte gemeinsame Leben zu einem versöhnlichen Ende führt.“[89]

Wie verhält sich die aktuelle sakramentale Praxis der Kirche also zur Präsenz des lebendigen Gott im Leben der Menschen, wo er zeigt, dass Beziehungen auflösbar sind und nicht nur der biologische Tod am Ende des Lebens scheidet, sondern auch der Tod einer Liebe mitten im Leben? Für das Ende einer Ehe heißt das, so Ottmar Fuchs, „es ist nicht allein ihr Versagen, wenn ihre Treue scheitert, sondern es ist auch ein Versagen Gottes, der seine Treuzusage nicht eingehalten hat. Nicht nur die Eheleute, sondern auch Gott ist diesbezüglich in Verantwortung zu nehmen“[90]. Fuchs plädiert deshalb zu

---

[89] Striet, Bischof, tu was!,

[90] So Ottmar Fuchs in seinem Beitrag.

Recht in seinem Beitrag für die Möglichkeit einer Generativität des Ehe-Sakraments auch in eine neue Beziehung hinein.

Von daher müsste man die Schöpfungstheologie wohl auch viel ernster nehmen. Denn Schöpfung meint eben nicht eine einmal und ein für alle Mal eingerichtete Ordnung, in der das normative Ziel des Guten in der Vergangenheit fixiert vorliegt. Mit der Schöpfung wurde eine Schöpfung „continua" begonnen, eine Dynamik der Kreativität. Gott erweist auch vom biblischen Zeugnis her seine ewige Treue paradoxerweise darin, dass er in all den Trennungen, Brüchen und Neustarts des Lebens immer neu mit uns beginnt, immer wieder, immer neu.

Das Existenzproblem intimer Nahbeziehungen hat sich verschoben von der Frage, wie halte ich es in einer unausweichlich institutionalisierten Bindung aus, zur Frage, wie lange und mit viel Kraft kann ich noch um diese Beziehung ringen. Aus der Beratungspraxis der Caritas wird deutlich: Ganz gegen das abqualifizierende Vorurteil der Oberflächlichkeit tun genau das viele Menschen heute eben mit einer Ernsthaftigkeit und Intensität, die manchmal zu einem Trennungsereignis führt und manchmal bis an die Verzweiflung reicht. Von daher wäre zu fragen, ob dem Ereignis der Befreiung aus einer für alle Beteiligten zerstörerischen Beziehung nicht selbst sakramentaler Charakter zukommt. Indem in einer Trennung nämlich auch aufscheinen kann, dass Gottes Treue größer ist als die Treue zu einer Lebensform, die einem die Luft zum Atmen nimmt.

Längst entstehen neue, säkulare Rituale einer Trennungs- oder Scheidungsfeier, um einem Lebensabschnitt auch ein erfahrbares Ende zu geben.[91] Wie verhält sich die aktuelle sakramentale Praxis der Kirche also zur Präsenz des lebendigen Gott im Leben der Menschen, wo sich zeigt, dass Beziehungen zu Ende gehen können und nicht nur der biologische Tod am Ende des Lebens scheidet, sondern auch der Tod einer Liebesbeziehung mitten im Leben? Damit zu einem dritten Aspekt.

Elternschaft, also Kinder beim Aufwachsen zu begleiten, das gilt heute als das letzte große Abenteuer. Der ehemalige Ehezweck „Nachkommen" wäre heute nicht rechtlich oder als moralische Verpflichtung zu begreifen, sondern existenziell: Was heißt und wie geht verantwortete Elternschaft und dann vor allem: wie geht ein Zusammenleben mit Kindern, das ihnen ein eigenes Leben ermöglicht. Denn Elternschaft heißt ja sich irgendwie in dem

[91] Für Theologie und pastorale Praxis stellt dies echte Anfragen an ihre eigenen Handlungsformen. Vgl. für die Diskussion um „Scheidungsrituale" Alexander Foitzek, Braucht es wirklich Scheidungsrituale? Herder-Korrespondenz 55 (2001), 220–222. Im Herbst erscheint die neue Studie des reformierten Pfarrers und Theologen Andrea Marco Bianca, Scheidungsrituale. Globale Bestandsaufnahme und Perspektiven für eine glaubwürdige Praxis in Kirche und Gesellschaft, Zürich 2015.

pädagogischen Paradox einzurichten, Kinder einerseits unausweichlich fremd bestimmen zu müssen, das aber andererseits so hinzubekommen, dass sie ein selbstbestimmtes eigenes Leben führen können. Wie kann man sich fehlerfreundlich und gnädig mit sich selbst in der permanenten Dauerüberforderung einrichten, die das Leben mit Kindern bedeutet? Wie könnte dann das spätmoderne Dorf aussehen, das passende aber flexible Netzwerk, das man in der Sorge um Kinder braucht, weil Familie eben nur gemeinsam zu schaffen ist?

Exemplarisch für den bisherigen lehramtlichen Diskurs heißt es in *Familiaris consortio 21:* „Die Ehegemeinschaft bildet das Fundament, auf dem die größere Gemeinschaft der Familie sich aufbaut. (...) Diese Gemeinschaft wurzelt in den natürlichen Banden von Fleisch und Blut."[92] Dieser Konnex von Ehe gleich Familie gleich Blutsverwandtschaft der Kinder reicht allerdings nicht mehr, um heutigen Beziehungsrealitäten gerecht zu werden. Diese Sicht erkennt nicht, dass den familialen Beziehungen selbst eine eigenständige Bedeutung auch jenseits der Ehe als Paarbeziehung zukommen kann, in der sich auch eine eigenständige, sakramentale Qualität ereignen kann. Das drückt sich in Erfahrungen aus, wie sie Judith Holofernes, die Sängerin der Band „Wir sind Helden" formuliert. Sie hat selbst die Trennung ihrer Eltern erlebt und meint von daher: „Wenn Paare in meinem Bekanntenkreis sich trennen, finde ich es auch heute beruhigend zu wissen: Die romantische Liebe der Eltern ist den Kindern im Grund scheißegal. Dem kleinen Kind geht's nur um seine eigene Beziehung zu den Eltern. Solange beide weiter präsent sind, ist alles gut."[93] Das ist sicherlich zugespitzt formuliert und kann nicht über die Belastungen hinwegtäuschen, die eine Trennung der Eltern für Kinder bedeutet. Aber es macht zugleich etwas Entscheidendes deutlich. Die Treue zur Verantwortung in den eigenen familialen Beziehungen und die Treue zur damit einmal verbundenen Liebes- und Paarbeziehung treten auseinander. Und das ist auch notwendig, damit das Ende der Paarbeziehung nicht das Ende der Beziehung zu den Kindern bedeuten muss.

Dem entspricht eine Erfahrung aus den Beratungsstellen der Caritas. Nicht die Unauflöslichkeit der elterlichen Partnerschaft ist dort entscheidend, sondern die Unauflöslichkeit der Elternschaft gegenüber den Kindern. Partnerschaftsbeziehungen können auseinandergehen. Die Verantwortung gegenüber den Kindern allerdings kann man nicht kündigen, so sagen dort viele. Auch wenn man die Partnerschaft nicht retten kann und

[92] Zitiert nach http://w2.vatican.va/content/john-paul-ii/de/apost_exhortations/documents/hf_jp-ii_exh_19811122_familiaris-consortio.html [Zugriff: 29.5.2015].
[93] Judith Holofernes, Interview mit Max Fellmann, SZ-Magazin vom 14.2.2014, 20.

Eltern sich trennen – die Beziehung zu den Kindern bleibt, wie erfüllend oder kompliziert auch immer.

Was tun? Handlungsperspektiven

Vielfalt des Doing Family pastoral begleiten

„Pastoral der Lebensformen, das hieße (…) endlich aufzuhören mit den unrealistischen Diskursen über Ehe und Familie, unrealistisch in idealistischer Überhöhung wie rechtlicher Normierung. Und es hieße, das, wofür man steht, Treue, Kreativität und den Glauben an die Unverbrüchlichkeit von Gottes Liebe, in heutigen Zeiten und ihren Lebensformen zu entdecken.“[94] Was Rainer Bucher hier formuliert, das lässt sich als eine doppelte Koordinatenverschiebung zusammenfassen: Entidealisierung der theologischen Familiendiskurse auf der Glaubensebene und Sanktionsbefreiung familialer Lebensbewältigung in den kirchlichen Praktiken. Damit wäre in der Caritaspraxis eine heilsame Entspannung ermöglicht: „Sie kann gelassen damit rechnen, dass nicht nur Ehen, sondern auch andere Formen von Lebensgemeinschaften die Qualität des Heiligen aufweisen können, d. h. ein Ort sein können, an dem sich die ‚verborgendste Mitte‘ dieser Menschen und ihrer Beziehung die Stimme Gottes rettend und heilend vernehmen läßt (LG 16). Die Vielfalt der Lebensgemeinschaften verliert so den (…) Charakter eines zu bearbeitenden Problems: die Pastoral findet in ihr statt dessen eine positive Herausforderung, Lebenswirklichkeit menschengerecht zu gestalten“[95]. Und Christoph Morgenthaler schreibt: „Seelsorge verstehe ich (…) nicht als Mittel zur Aufrechterhaltung der traditionellen Kernfamilie als ‚heilige Familie‘, sondern als Begleitung, Orientierung und Entscheidungshilfe bei der Entwicklung und Gestaltung vielfältiger, auch ungewohnter familiärer Lebensformen.“[96]

Kinder nicht unterschätzen

Auch die Frage welche Familienform für Kinder die Beste ist, kann man nicht einfach mit einem Lebensmodell beantworten. Grundsätzlich scheint klar: „Selbstbewusste und zufriedene Kinder wachsen dort auf, wo private

[94] Bucher, Ziemlich irrelevant, 100 f. Vgl. auch seinen Beitrag in diesem Band.
[95] Dinges, Lebensgemeinschaften, 97.
[96] Morgenthaler, Systemische Seelsorge, 53.

Bindung, Verlässlichkeit und auch hinreichende materielle Versorgung vorhanden sind. Stabile familiäre Paarbeziehungen (...) sowie eine adäquate Erwerbsbeteiligung der Eltern wirken präventiv, sichern Lebenschancen und fördern letztlich auch die persönliche Stabilität und Zufriedenheit der Kinder“[97], so die Erste World-Vision-Studie. Doch wie es zu diesen stabilen familiären Beziehungen kommt, das ist nicht vorgezeichnet, sondern muss im Doing Family immer neu ausgehandelt werden. Für Kinder scheint es deshalb fast „egal ob verheiratet oder rekombiniert mit neuen Partnern“, wie im obigen Zitat noch angefügt ist.

Grundsätzlich hat sich der Blick auf Kinder in den vergangenen Jahren stark verändert. Sie werden nicht mehr als bedrohte, verletzliche Wesen gesehen, sondern als kompetente Konstrukteure ihrer Welt. Auch kleinere Kinder müssen gerade nicht in einem „spannungsfreien und unterhaltsamen Milieu“[98] bespaßt und vor der Welt noch ein klein wenig bewahrt werden. Nein, die ganze Welt ist vielmehr selbst zu einer großen Bildungsgelegenheit geworden und Kinder sind darin „Forscher, Künstler, Konstrukteure“[99], so Hans-Joachim Laewen und Beate Andres. Ob sie das auch wirklich sein können, liegt weiter in hohem Maß an den familiären Voraussetzungen. Vor allem wenn mehrere Probleme zusammenkommen stimmt die Einschätzung: „Überforderte Familien produzieren überforderte Kinder.“[100] Zugleich kommen aber die meisten Kinder mit den etwas fragileren Lebensbedingungen besser zurecht, als man meint. Kinder besitzen mehr Widerstandsfähigkeit (Resilienz) als die Erwachsene Bewahrpädagogik ihnen zutraut. Und sie brauchen kreativere Unterstützung, wenn alles wegbricht oder vieles nie vorhanden war, als aktuell geleistet wird.

Mitbauen am spätmodernen Dorf

Eine der treffendsten Formulierungen wird einem afrikanischen Ursprung zugeschrieben: „Um ein Kind zu erziehen, braucht es ein ganzes Dorf.“ Gerade mit kleinen Kindern gelingt Familie, so könnte man sagen, wenn nicht alles im engsten Familienkreis passieren muss, wenn die Einzelnen auch legitime Orte außerhalb haben dürfen. Denn die größte Gefahr solcher intimen Kleingruppen ist ihre Überhitzung.

---

97 Schneekloh – Leven, Familie als Zentrum, 109.

98 Donata Elschenboich, Weltwissen der Siebenjährigen, München 2002, 18.

99 Hans-Joachim Laewen – Beate Andres (Hg.), Forscher, Künstler, Konstrukteure. Werkstattbuch zum Bildungsauftrag von Kindertageseinrichtungen, Weinheim u.a. 2002.

100 Schneekloh – Leven, Familie als Zentrum, 109.

Doch ein in diesem entlastenden Sinn ursprüngliches Dorf gibt es nicht einmal mehr auf dem Land. Jede Familie muss es für sich selbst erst organisieren. Und das ist heute eben wirklich nicht einfach. Was in früheren Familienberichten als strukturelle Rücksichtlosigkeit gegenüber Kindern bezeichnet wurde, heißt heute „institutional gap". Familienpolitik orientiert sich immer noch zu sehr an der nicht mehr normalen Normalität der Hausfrauen-Ehe: Das Ehegattensplitting begünstig eine Paarbeziehung, aber nicht Familien. Es gibt viel zu wenige Teilzeitarbeitsplätze und Teilzeitarbeit ist sowieso noch viel zu stigmatisiert. Dann müsste das spätmoderne Dorf der Familien aus KiTas bestehen, zu denen ein Vertrauensverhältnis besteht, weil sie gute Bildungs-Orte für Kinder sind und zeitlich flexibel organisiert. Denn sie sind eben Teil eines familiären Netzwerks, an dem auch Großeltern, Nachbarn und gute Freunde beteiligt sind.

Kirchliche Orte müssten dazu allerdings manchmal das tief sitzende Misstrauen des Familialismus überwinden, dass dieses Dorf im sozialen Nahraum Familien nicht bedroht, sondern erst ermöglicht.

Pastorale und sakramentale Übergangskompetenz entwickeln

Eines der Hauptprobleme für familiale Lebensformen heute ist die Bewältigung und Gestaltung von biographischen und familienformbezogenen Übergängen. Viele Kinder erleben im Laufe ihres Aufwachsens verschiedene Familienformen, sind von Trennungen der Eltern betroffen, müssen sich auf neue Familienmitglieder einstellen oder die Beziehung zu weiter weg wohnenden Bezugspersonen aufrechterhalten. Gleiches gilt für die immer neu auszutarierenden Gleichgewichte in der Partnerbeziehung.

Die katholische Theologie scheint auf diese Herausforderung schlecht eingestellt. Mit der Unauflöslichkeit der Ehe und einer normativ komplementären Geschlechtsrollenzuweisung basiert die ganze Ehe- und Familienlehre auf unwandelbaren Ganzheiten. Damit können die gegenwärtigen Problemzonen, nämlich Übergänge und familiäre Neukonstellationen, nicht wirklich konstruktiv begleitet werden. Sie bleiben eben konzeptionell auf der Außenseite des Gewollten verbucht.

Theologie müsste sich von daher ganz neu auf Übergänge und die ereignisbezogene Drift in den Lebens- und Familienbeziehungen einstellen.[101] Sie hätte die Kraft ihre sakramentalen Riten gerade nicht zur Abdichtung zerbrochener Stabilitäten einzusetzen, sondern zur Bestärkung und Beglei-

[101] Vgl. zu den anstehenden Transformationen Schüßler, Mit Gott neu beginnen, Kap V. 213–337.

tung in der Veränderung von Familien und den Menschen, die in ihnen leben und füreinander Verantwortung übernehmen.

Ansprüche an „Familie und Gemeinde" begrenzen

Im sozialformkritischen Kirchendiskurs wird oft beklagt, dass die Gemeinde nach dem Harmonieideal der Familie gestaltet wird. Michael Ebertz etwa meint, dass viele Menschen sich gerade deswegen nicht mehr in die „pfarrheimlich verlängerten Wohnzimmer anderer begeben wollen“[102]. Hier interessiert nun aber die Vermutung, dass das Phänomen quasi in zwei Richtungen funktioniert, also auch umgekehrt. Denn der Kontakt mit Pfarrgemeinden kann in Familien dazu führen, dass die Harmonie- und Normerwartungen, die dort vermutet werden, auf die familiale Lebensführung zurückdrücken. Eine Studie der evangelischen Kirche ergab, dass Alleinerziehende und ihre Kinder durch ihre Existenzkrise oft wieder intensiv an Glaubensthemen interessiert sind, sogar eine späte Taufe in Erwägung ziehen, es dann aber nur selten wirklich tun. Begründung: „Man kann eben nicht eine richtige Familie vorweisen und kann sich deswegen nur schwer vorstellen, ‚da so alleine vor der Gemeinde‘ zu stehen – auch wenn man die Taufe gerne vollziehen würde.“[103]

Ein weiterer Knackpunkt: Der Umgang mit vielen, oft widersprüchlichen zeitlichen Ansprüchen wurde weiter oben als ein neues Hauptproblem entdeckt. Im Verhältnis von Familie und Gemeinde wird es dann aber problematisch, wenn sich beide als Intensiv-Vergemeinschaftungen verstehen. Kirchlicherseits wünscht man sich oft Familien, die mit Haut und Haar in der Gemeinde leben. Und in jeder Pfarrgemeinde finden sich ja auch ein paar Familien, die als der „harte Kern“ fast ihre ganze freie Zeit mit gemeindlichen Aufgaben verbringen. Doch nur selten gelingt die idealisierte Totalidentifikation von Familienzeit und Gemeindeengagement. „De facto (…) sind Kirchengemeinschaften und Familien Konkurrenten um das rare Gut der Freizeit. De facto finden wir nicht ganze Familien, sondern einzelne Familienmitglieder in den Gemeinschaften der Kirche. Fördert das die Gemeinschaft in der Familie? Es fehlen eigentlich Konzeptionen bei uns, in der kirchlichen Praxis wie in der Praktischen Theologie, Vorstellungen darüber, wie sich Kirchengemeinden in ihrem Anspruch auf die Familie

[102] Michael N. Ebertz, Wider den Wohn-Territorialismus, in: Lebendige Seelsorge 55 (2004), 16–17, 17.

[103] Sozialwissenschaftliches Institut der evangelischen Kirche in Deutschland, zitiert nach Michael Domsgen, Welche Kirche braucht die Familie?, in: Pastoraltheologie 96 (2007), 350–365, 364.

sinnvoll begrenzen sollen und wie man zu flexibel aushandelbaren Grenzen zwischen Gemeinschaftsansprüchen der Familie und der Kirche kommt."[104]

Vielleicht kann man es abschließend so sagen: So wie die Pfarrgemeinde nicht mehr die einzige zentrale Vollform von Kirche ist, so ist die vollständige, heterosexuelle Kleinfamilie nicht mehr die einzige, zentrale Vollform familialen Lebens. Und beides könnte man als gute Nachricht verstehen. Denn sie entlastet und macht deutlich, dass wir nie aus unseren Perfektionsansprüchen leben, sondern immer auf etwas angewiesen sind, was größer ist als die eigene Familie, die eigene Gemeinde, die kleine Welt der eigenen Projekte.

[104] Eberhard Hauschildt, Kirchenbindung und Gemeinschaft, EvTh 68 (2008), 130–143, 134 f.

Autor_innen

Christian Bauer, Dr. theol., Professor für Interkulturelle Pastoraltheologie an der Universität Innsbruck

Rainer Bucher, Dr. theol., Professor für Pastoraltheologie an der Universität Graz

Ottmar Fuchs, Dr. theol., emeritierter Professor für Praktische Theologie an der Universität Tübingen

Stephanie Klein, Dr. theol., Professorin für Pastoraltheologie an der Universität Luzern

Michael Schüßler, Dr. theol., Professor für Praktische Theologie an der Universität Tübingen